会計事務所の法律・税務トラブル
質疑応答集

弁護士法人みらい総合法律事務所
弁護士・税理士 谷原 誠

73事例を収録!!

税理士のお悩み・質問

ロギカ書房

まえがき

　本書は、2019年8月に発刊した『税理士SOS　税理士を守る会質疑応答集』（ロギカ書房）の第二弾です。

　前書及び本書は、弁護士法人みらい総合法律事務所が税理士向けに提供しているサービスである「税理士を守る会」（https://myhoumu.jp/zeiprotect/　詳しくは巻末をご覧ください）で、実際に税理士からされた質問と、弁護士による回答から成り立っています。

　「税理士を守る会」では、日々、税理士と弁護士との間で質疑応答がされています。

　質疑応答を見ると、税理士が日々どのようなことに悩んでいるかがわかります。

　もちろん、具体的な事案については、実際の質問内容をそのまま掲載しておりません。質問内容を変えて、内容を構成しています。

　前述のように本書は、体系的なものではなく、税理士が実際の業務において悩んだ質問とその回答から成り立っています。

　したがって、各質疑応答は、それぞれ独立しています。はじめから読んでいただいても結構ですし、目次で関心のある質問を探し、そこだけを読んでいただいても結構です。

　本書が、日本全国の個人及び法人の発展のために日夜業務に精励している税理士の方々に少しでもお役に立てばと願っています。

　2020年5月

　　　　　　　　　　　　　　　　　　　　　　　　　谷原　誠

目 次

まえがき

第 2 章　税理士損害賠償編

第3章　税理士法編　123

第4章　税務編　143

第1章

法務編

1-1 事前確定届出給与の株主総会決議の仕方

【質問】

対象の会社の状況は以下のとおりです。

・株主数4名（A代表取締役：500株、B取締役：300株、C取締役：500株、D取締役：300株）

・内CとD2名が前年8月に退職

・取締役会は設置していない

・今期2月に社員EとFが新たに取締役に就任

事前確定届出給与を翌事業年度にEとFに支給したいと会社が考えています。

AとBだけで過半数の議決が得られないので事前確定届出給与の支給時期と支給額が決められません。

この場合、CとDから「議長一任の委任状」をもらい、事前確定届出給与の支給時期と支給額を決議した場合、会社法上も法人税法上も法的に抵触しないでしょうか。

また、この決議にCとDが実際に出席した場合、会社経営に参画したものとして退職の事実がないものとしてCの退職金が法人税法上否認される可能性があると考えますが、議長一任の委任状出席の場合は否認されないでしょうか。

この場合、会社法上も法人税法上も法的に抵触しない方法を教えてください。

【回答】

1　株主総会決議の方法

　事前確定届出給与も役員報酬になるので、定款または株主総会決議により定めることとされています（会社法361条1項）。

> 会社法第361条第1項
> 　取締役の報酬、賞与その他の職務執行の対価として株式会社から受ける財産上の利益（以下この章において「報酬等」という。）についての次に掲げる事項は、定款に当該事項を定めていないときは、株主総会の決議によって定める。
> 　一　報酬等のうち額が確定しているものについては、その額
> 　二　報酬等のうち額が確定していないものについては、その具体的な算定方法
> 　三　報酬等のうち金銭でないものについては、その具体的な内容

　本件で定款の定めがなければ株主総会で決議することになります。

　そして、CおよびDも株主ということですので、株主総会に出席し、議決権を行使することになります。

　ここで、CおよびDによる株主総会への参加および議決権の行使が経営に参画していることにならないか、とのご懸念からのご質問だと推測します。

　しかし、役員報酬は、取締役会ではなく、株主総会で決議すべきものです。

　株主総会での議決権行使は取締役としての業務執行ではなく、株主としての権利行使となります。

　したがって、CおよびDが株主総会に参加して議決権を行使しても、これだけをもって会社経営に参画したことにはなりません。

　（議長一任の委任状でもいいですし、実際に参加してよい、ということになります。）

　ただし、事前確定届出給与の支給の議案と株主総会の招集は、取締役の

過半数で決定しますので（会社法348条2項）、これをA、B、C、Dで決めたような場合には、実質的に業務執行として取締役の協議に参加した、と主張されかねませんので、ご注意いただければと思います。

　また、株主総会の定足数は、原則として議決権の過半数を有する株主が出席する必要がありますが、定款で定足数要件をはずしている場合もありますので、ご確認いただければと思います。

　定足数が議決権の半分未満になっている場合には、C、Dが出席しなくても決議できることになります。

2　事前確定届出給与に関する裁判例

　多くの問題が生じるところで、法令解釈通達9-2-4において、「所轄税務署長へ届け出た支給額と実際の支給額が異なる場合にはこれに該当しないこととなり、原則として、その支給額の全額が損金不算入となることに留意する。」とされていることを当該法人に説明し、説明した旨を証拠化しておくことをおすすめします。

　この点に関する参考判例として、東京地裁平成24年10月9日判決（百選6版58事件、TAINS　Z262-12060）があります。

　本件事案は、株式会社が、A・B2人の取締役に対し、事前確定届出給与として、冬期および夏期にAに各500万円、Bに各200万円を支給する旨の株主総会決議をし、冬期には決議どおり支給したものの、当該事業年度に厳しい経済状況による業績悪化があったため、臨時株主総会を開催し、夏期賞与の支給額を甲250万円、B100万円に減額する決議をし、その旨支給したものです。なお、期限内での変更届出はされていません。

　この事案において、裁判所は、次のとおり判示しました。

　　「役員給与のうち定期同額給与等のいずれにも該当しないものの額は損
　　金の額に算入しないこととされたのは、法人と役員との関係に鑑みる
　　と、役員給与の額を無制限に損金の額に算入することとすれば、その

支給額をほしいままに決定し、法人の所得の金額を殊更に少なくすることにより、法人税の課税を回避するなどの弊害が生ずるおそれがあり、課税の公平を害することとなるためであると解される。」

「内国法人がその役員に対してその役員の職務につき所定の時期に確定額を支給する旨の事前の定めに基づいて支給する給与について一の職務執行期間中に複数回にわたる支給がされた場合に、当該役員給与の支給が所轄税務署長に届出がされた事前の定めのとおりにされたか否かは、特別の事情がない限り、個々の支給ごとに判定すべきものではなく、当該職務執行期間の全期間を一個の単位として判定すべきものであって、当該職務執行期間に係る当初事業年度又は翌事業年度における全ての支給が事前の定めのとおりにされたものであるときに限り、当該役員給与の支給は事前の定めのとおりにされたこととなり、当該職務執行期間に係る当初事業年度又は翌事業年度における支給中に1回でも事前の定めのとおりにされたものではないものがあるときには、当該役員給与の支給は全体として事前の定めのとおりにされなかったこととなると解するのが相当である。」

1-2　役員の通勤手当は株主総会で決議すべきか

【質問】

> 　役員に通勤手当を支給することを検討しております。
>
> 　通勤手当とは、いわゆる通勤に係る実費相当額の支給で、所得税法上非課税となる範囲での支給を前提としております。
>
> 　いわゆる実費相当の手当のため、経理処理としては一般従業員と同様に給料（役員報酬）ではなく旅費交通費として処理します。
>
> 　気になったのは、株主総会で役員報酬を定める際に、当該通勤手当を含めて決議すべきかどうか、という点です。
>
> 　経済的な利益というより実費弁償的な要素が強いため、総会決議の対象とならないような気がしますが、いかがでしょうか。

【回答】

　税務と法務とは別に検討することになります。

〈法務面〉

　会社法361条1項で、「取締役の報酬、賞与その他の職務執行の対価として株式会社から受ける財産上の利益（以下この章において「報酬等」という。）についての次に掲げる事項は、定款に当該事項を定めていないときは、株主総会の決議によって定める。」とされています。

　株主総会において決議すべきは、「職務執行の対価」ですので、実費を除いた職務執行に対する報酬部分のみを決議することになります。

　したがって、実費である交通費を株主総会で決議する必要はありません。

〈税務面〉

　この扱いと関係なく、損金算入できるかどうか、という観点から検討することになるかと思います。

1-3　医業を請け負う株式会社の適法性

【質問】

> 　医師である個人が自ら株式会社を設立して各医療機関等と医業等を請け負い、医師を派遣するシステムについて、「なんらかの法律に違反するか」との質問がありました。
> 　気をつけなければならないことも含めアドバイスをお願いします。

【回答】

　まず、株式会社で医業を受託することはできません。

　医師法17条は、「医師でなければ、医業をなしてはならない。」と規定しています。

　実際に医療行為を行うのが医師であったとしても、受託自体が禁止されるものと考えます。

　この点は、税理士が株式会社を設立して株式会社が税理士業務を受託することは、実際に税理士業務を行うのが税理士であったとしても、違法とされるのと同様にご理解いただければと思います。

　また、労働者派遣法4条は、労働者派遣が禁止される業務として、次の業務を列挙しています。

- (1)　港湾運送業務
- (2)　建設業務
- (3)　警備業務
- (4)　その業務の実施の適正を確保するためには業として行う労働者派遣により派遣労働者に従事させることが適当でないと認められる業務として政令で定める業務

　これを受けて、労働者派遣法施行令2条では、次の業務を上記④の業務

としています。

① 医師法第17条に規定する医業

② 歯科医師法第17条に規定する歯科医業

③ 薬剤師法第19条に規定する調剤の業務

④ 保健師助産師看護師法第2条、第3条、第5条、第6条及び第31条第2項に規定する業務

⑤ 栄養士法第1条第2項に規定する業務

⑥ 歯科衛生士法第2条第1項に規定する業務

⑦ 診療放射線技師法第2条第2項に規定する業務

⑧ 歯科技工士法第2条第1項に規定する業務

医業について、人材派遣業を行うことは禁止されています。

したがって、ビジネスモデル自体を見直す必要があるかと思います。

1-4　一部株主を除いた株主総会の解散決議

【質問】

　　同族会社の業績が悪く債務超過状態で、適任の後継者もいないため、法人を解散・清算して、その後は個人事業として細々と事業を行いたいと考えています。

　　・発行済み株式総数　10,000株
　　・株主
　　　　A：5,000株
　　　　B：2,000株
　　　　C：2,000株
　　　　D：1,000株
　　・相続争いで、ＡＢグループとＣＤグループが対立状態になり、険悪な仲です。

　　ＣＤに解散決議の株主総会通知を出さないで、株主総会を開催し、決議を可決することはできますか。

　　解散決議の株主総会通知を出さない場合、解散決議を行った場合の法的リスクにどのようなものがありますか。

　　あるとすればどのようなものですか。それを回避するためにはどのようにすれば良いのですか。

　　議決権を有する株主の２分の１が出席する株主総会を開催し、出席株主の３分の２以上の賛成があれば良いのでしょうか。

　　総会議事録には、どのように記載すれば良いでしょうか。

【回答】

1　株主総会決議取消事由該当性

　一部の株主に総会通知を出さないで株主総会を開催し、決議をすると、決議取消事由あるいは、決議不存在事由となります。

　決議取消事由にとどまれば、決議から3か月以内に提訴されなければ決議取消訴訟を提起することはできなくなります。

　しかし、決議不存在事由であれば、いつまででも提訴することができます。

　過去の事例では、一部株主が勝手に会合した場合（東京地裁昭和30年7月8日判決）、42パーセントの株主に招集通知が漏れた場合（最高裁昭和33年10月3日判決）などで、株主総会決議が不存在だとされた裁判例があり、リスクがあります。

　一部株主に通知を出さずに解散決議を行い、清算した場合、それによって株主に損害が発生した、と言える場合には、清算人に損害賠償責任が発生することになります。

　本件で、株主にどのような損害が発生するかはわかりませんが、損害が観念できないようであれば、損害賠償請求は成り立ちません。

　株主総会招集通知は株主全員に通知を出さないといけないことは法律の命ずるところですので、回避方法はありません。

　決議要件は、定款に特別の定めがない場合には、議決権を有する株主の過半数が出席し、出席株主の3分の2以上による賛成となります。

　解散に関する株主総会議事録は、通常の株主総会議事録で「第○号議案承認の件　議長より、……を理由として、当会社を解散すること、○○を清算人に選任することを説明し、議場に諮ったところ、出席した株主の議決権の3分の2以上の賛成により、本議案は原案どおり承認可決された。」等の記載をしていただければよろしいかと思います。

2　債務超過の場合の破産手続開始

　解散した清算株式会社が債務超過の場合には、破産手続開始の申立てをする義務があります（会社法484条1項）。

会社法第484条
　1　清算株式会社の財産がその債務を完済するのに足りないことが明らかになったときは、清算人は、直ちに破産手続開始の申立てをしなければならない。
　2　清算人は、清算株式会社が破産手続開始の決定を受けた場合において、破産管財人にその事務を引き継いだときは、その任務を終了したものとする。
　3　前項に規定する場合において、清算株式会社が既に債権者に支払い、又は株主に分配したものがあるときは、破産管財人は、これを取り戻すことができる。

　本件では、当該会社は債務超過ということですので、全額弁済できず、清算を結了できない可能性があるかと思います。

　その場合には、破産手続きあるいは特別清算の手続きに移行することになります。

　なお、解散・清算の手続きをする他に、破産手続開始の申立てをして法人格を消滅させてしまう、という方法もあります。

　破産手続申立てをする場合には、株主総会は不要で、取締役が申立てをすることができます。

　この場合、代表取締役が申立てをしない場合でも、取締役の資格で破産手続開始の申立てをすることもできます。

破産法第19条
　1　次の各号に掲げる法人については、それぞれ当該各号に定める者は、破産手続開始の申立てをすることができる。
　一　一般社団法人又は一般財団法人　理事
　二　株式会社又は相互会社（保険業法（平成7年法律第105号）第2条第5項に規定する相互会社をいう。第150条第6項第3号において同じ。）　取締役

三　合名会社、合資会社又は合同会社　業務を執行する社員

1-5　外部業者に対する貸付金を支払いから相殺できるか

【質問】

顧問先は、外部業者に金銭の貸付けを行っています。

今般、業者からの回収が滞っている状態が継続していることから、業者への支払いから貸付金の一部を相殺することを検討しています。

なお、金銭消費貸借契約書は作成しておらず、返済方法、時期などの取決めは曖昧な形です。

雇用関係があれば、労働基準法24条1項より、労使協定がないと給与天引きで貸付金の回収はできないと思いますが、外部業者の場合は、どのような取扱いになるでしょうか。

【回答】

貸付金について、返済期限を定めていなければ、いつでも返済を求めることができます。

返済を求めたときに返済期限が到来することになります。

そして、相殺に合意は必要なく、両方の債権が弁済期にあれば、一方的な意思表示で行うことができます。

ただし、相殺禁止を合意していたらできませんので、金銭消費貸借契約書は締結していない、ということですが、本来の取引にかかる契約書などで売掛金、貸付金両方について相殺禁止規定がないか、ご確認ください。

相殺の意思表示は、内容証明郵便で証拠を残して行うことになります。

外部業者に対して相殺するのであれば、まず外部業者からの製品の納入または役務提供の完了を待ちます。

その後、内容証明郵便を発送しますが、貸付金の弁済期を到来させないといけないので、

・貸付金の返済を請求する旨

・貸付金と、買掛金（契約と金額を特定します）とを「対当額」で相殺する旨

の意思表示を記載して行います。

たとえば、以下のように記載します。

「弊社は、貴社に対し、○年○月○日付け金銭消費貸借契約に基づく貸付金残元本として、金○○万円の貸金請求権を有しています。本書面をもって、その全額及び支払済みまで年6分の割合による遅延損害金の支払いを求めます。

これに対し、弊社は、貴社に対し、○年○月分の商品代金として、金○○万円の買掛金債務を負担しています。

そこで、本書面をもって、前記貸金請求権と買掛金債務を対当額で相殺する意思表示をします。

なお、相殺後の貸金残元本は、金○円となりますので、本書面到達後7日以内に、下記口座に振り込み送金してお支払いください。」

2020年4月1日施行の改正民法により、商事債権の利息も年5分に改正されました。

1-6　事業承継において議決権を留保する場合の注意点

【質問】

　　事業承継における議決権についてです。

　　株価対策が適切に行われたため、代表権の委譲をする前に株式だけを先に後継者に譲渡する場合、後継者が経営者としての能力を備えるまでの間、現代表者が代表権を維持できるシンプルな仕組みとして下記2つの方法を考えています。

　　それぞれの法的なリスクと優位について教えていただけますでしょうか。

（設例）

株式数100株（現代表者が100％所有）

非公開会社

事業承継税制は使わない。

対策1　99株のみ譲渡し、代表者が1株のみを継続所有し、定款変更にて代表者が保有する株式のみ議決権100株とする（属人的株式）。その際に代表者が死亡、意思能力を有さなくなったときまたは代表権委譲の意思表示をしたときには、その効力を失う。

対策2　100株すべてを贈与（相続時精算課税）するが、現代表者が意思能力を有し生存している間、または代表者が代表権委譲の意思を示すまでの間は、代表者解任の議決権を行使しない条件付きの贈与契約とする。

【回答】

1　属人的株式について

〈対策1の回答〉

　前半部分は、議決権の有無によって株式の評価は変わらないと理解されていますので、有効な方法だと思います。

　後半部分は、「その効力を失う」の部分を明確にして、定款に記載する必要があります。

　また、「代表権委譲の意思表示をしたとき」の意味が不明確なので、誰が誰に対して、どのような意思表示をするのか、要件を明確化しておいた方がよろしいかと思います。

　もし、このままの表現にするのであれば、内容証明郵便にて、会社と後継者に対して、「本書面をもって代表権委譲の意思表示をする」と記載して送付することになるかと思います。

2　条件付き贈与について

〈対策2の回答〉

　この対策は、「解除条件」をつけるものですが、解除条件は、一旦完全に効力が生じた上で、後日、ある条件が発生した場合に効力を喪失させるものです。

　したがって、当初贈与が生じた後、後継者は、100%株主として、会社法によるあらゆる権限を行使できますので、組織再編、増資減資、株式譲渡その他、条件を潜脱する手段を講じることができてしまいます。

　かといって、すべての場合を解除条件にかからせてしまうと、経営に困難を生じますし、仮に条件が成就してしまった際には、2回の贈与が認定されるおそれがあるように思います。

3　結論

　以上より、シンプルな方法としての二者択一とういことであれば、対策1を基本とした上で、意思能力の喪失や死亡その他事故の内容を明確化し、事故が生じることを条件として、スキームを構築するのがよろしいかと思います。

　また、種類株式や信託等の組合せによっても、同じ効果が期待できますので、あわせてご検討ください。

　さらに、他の相続人からの遺留分侵害額請求に備えて、経営承継円滑化法の「除外合意」など、遺留分対策も検討されるようおすすめします。

【補足1】（属人的株式）

　「属人的株式」というのは、株主平等原則の例外です。

　非公開会社において、株主ごとに異なる取扱いをする旨を定款で定めるもので、以下の権利について認められます。

　　・剰余金の配当を受ける権利

　　・残余財産の分配を受ける権利

　　・議決権

　本問の対策1では、議決権について、属人的株式の定めをする方法です。

　会社法の議決権の原則は、「1株1議決権」です。

　しかし、属人的株式では、たとえば、次のような定めをすることができます。

　「Aは、1株100議決権、Bは、1株1議決権」

　「1人1議決権」

　「Aは議決権を10分の1に縮減する」

　つまり、議決権を株式数の割合ではなく、「A」という個人ごとに定めることができる、ということです。

　この定めをするには、株主総会の「特殊の決議」が必要となります。

　株主総会において総株主の半数以上であって、総株主の議決権の４分の３以上の賛成が必要となります（会社法309条４項）。

　ただし、定款でそれを上回る割合を定めることも可能です。

　また、反対株主には株式買取請求権が与えられます。

　なお、属人的株式の定めを無効とした東京地裁立川支部平成25年９月25日判決（金融・商事判例1518号54頁）がありますので、行き過ぎた定めには注意が必要です。

　この事案は、経営陣と対立した特定株主の議決権および配当受領権を100分の１に縮減する定款変更決議を無効としたものです。

　裁判所は、次のように判示しています。

　「会社法109条２項の属人的定めの制度についても株主平等原則の趣旨による規制が及ぶと解するのが相当であり、同制度を利用して行う定款変更が、具体的な強行規定に形式的に違反する場合はもとより、差別的取扱いが合理的な理由に基づかず、その目的において正当性を欠いている場合や、特定の株主の基本的な権利を実質的に奪うものであるなど、当該株主に対する差別的取扱いが手段の必要性や相当性を欠くような場合には、そのような定款変更をする旨の株主総会決議は、株主平等原則の趣旨に違反するものとして無効となるというべきであるところ、株主総会の議決権および剰余金の配当に関する株主ごとの異なる規定を新設する内容の定款変更を行う旨の株主総会決議は、その目的の正当性および手段の相当性が認められず、株主平等原則の趣旨に著しく反する上、その株主平等原則違反の内容、程度に照らすと、多数決の濫用により少数株主である原告の株主としての基本的権利を実質的に奪うものであり、公序良俗にも違反するものであって、決議の内容自体が法令に違反するものとして無効である。」

　今回は、100％株主が事業承継する場合に利用するものなので、この裁判例の射程外となると思われます。

【補足 2】（除外合意）

　中小企業の経営の円滑な承継に資するため、2008年に「中小企業における経営の承継の円滑化に関する法律」が成立しました。

　この法律に、遺留分対策として「除外合意」という制度が定められています。

　除外合意というのは、中小企業において、先代経営者が生存中に、経済産業大臣の確認を受けた後継者が、遺留分を有する推定相続人全員の合意と家庭裁判所の許可を条件に、後継者が先代経営者から贈与等により取得した株式等の全部または一部を遺留分算定の基礎財産から除外すること（除外合意）が可能となる、というものです。

　円滑化法では、この除外合意の他に、上記贈与された株式等の全部または一部を遺留分算定の基礎財産に算入する際に合意の時点で評価額とすること（固定合意）という制度や、除外合意に加えて、後継者が先代経営者から贈与等により取得したそれ以外の財産や遺留分を有する他の共同相続人が先代経営者から贈与等により取得した財産についても遺留分算定の基礎財産から除外すること（オプション合意）という制度も定められています。

1-7　自己株式を100%取得することの可否

【質問】

　顧問先が事業を譲るため、会社の債権債務をきれいにするための方策として、親会社（100%）から自己株式（100%）の買取りで親会社の債権を調整相殺しようと考えています。（仕訳上）役員は代表取締役1名の法人です。

　この場合、持株全額が自己株式になってしまいます。つまり100%自己株式の会社になってしまいます。

　この100%自己株式となることは法的には禁止されているのでしょうか。

　また、できるとした場合、相続になった場合はどうなるのでしょうか。

【回答】

　会社法の条文上、全株式を取得することは禁止されていません。

　しかし、自己株式には議決権がありませんので（会社法308条2項）、株主総会決議をすることができず、役員選任も決算承認もできません。

　したがって、解釈上、全株式を自己株式にすることはできない、とされています。

　例外は、事業再生などの場面で、全株式を取得して100%減資し、即時に新株発行するような瞬間的な全株式取得の場合です。

　また、自己株式取得には、会社法上の財源規制がありますので、取得できる株式数をご確認ください。

1-8　社員の休職と解雇

【質問】

　社員が医師からうつ病と診断され、3か月の休職が必要と社員本人から社長宛に連絡がありました。

　仕事のミスが多くて協調性がなく、できたら辞めてほしかった矢先の本人からの申し出とのことです。

　医師からも社長に休職させる必要があるとの連絡があったとのことです。

　これまでの勤務は通常どおりであったとのことです。

　どのように対応したらいいかをご教授ください。

【回答】

1　休職と解雇について

　本件の場合、休職か解雇かを判断することになります。

　休職とは、ある従業員について労務に従事させることが不能または不適当な事由が生じた場合に、使用者から労働者が労働することを免除または禁止することです。多くは使用者が労働者に命令を発しますが、使用者と労働者との合意で行われることもあります。

　これに対し、解雇とは、使用者による労働契約の一方的解約です。

　ただし、業務上疾病（労災）の場合は解雇することはできません。

　また、ミスが多く、協調性がない、というだけでは解雇要件を満たさない場合が多いです。

　労働契約法16条では、次のとおり規定されています。

　「解雇は、客観的に合理的な理由を欠き、社会通念上相当であると認められない場合は、その権利を濫用したものとして、無効とする。」

　そして、裁判例では、「使用者においてその是正のための努力をし、それにもかかわらず、なおその職場から排除しなければ適正な経営秩序が保たれない場合に初めて解雇が許される。」（リオ・ティント・ジンク社事件）などとされています。

　そこで、うつ病による労働不能により解雇が可能かどうかを判断することになりますが、就業規則に休職の定めがあれば、休職手続きをとらずに解雇を選択すると、解雇が無効となりやすいと言えるでしょう。

　東京地裁平成17年2月18日判決は、躁うつ病に罹患した社員に7か月余の休職を命じ、その後、復職したものの再び躁うつ状態となり、トラブル等が多くなったので、解雇したという事案で、解雇時点で躁の症状につき程度が重く治療による回復可能性がなかったとはいえないから、解雇は客観的で合理的な理由を有するとはいえない、として解雇を無効としています。

　それでも解雇を選択する場合には、うつ病の原因や程度などを検討することになりますので、労働者との面接による事情聴取、医師からの事情聴取に同意を得ての医師からの事情聴取等を検討することになります。

　さらに、解雇する場合は、解雇無効リスクがありますので、まず退職勧奨をし、拒否された場合にはじめて解雇、という手続きになるかと思います。

2　休職の手順

　休職の場合には、就業規則に定めがあれば、それにより、なければ労働者との個別の合意により手続きを行うことになります。

　就業規則がなく、個別合意をする場合には、

・休職期間を定めること

・休職期間中定期的に面接をすること

・うつ病用の心理テストを行い、その結果を提出すること

・主治医ないし産業医への事情聴取を行うことの同意を得ること
・休職期間の満了および復職希望の場合には、復職可能とする診断書を
　提出すること
・復職不可の場合には自動退職となること

などについて合意書を締結しておく必要があります。

　微妙な判断になりそうなので、可能であれば弁護士への直接相談をおす
すめします。

1-9　種類株式に配当請求権はあるか

【質問】

1．種類株式を設計している場合、敵対的同族少数株主が有する配当優先株に対して、配当可能利益があるにもかかわらず、たとえば、将来の設備投資をにらんだ事業計画を理由に配当をしないことはできるのでしょうか。

　　配当優先株主は、会社に対して配当請求できるのでしょうか。

　　露骨な配当政策に問題にならないような基準というのは何か、また参考になる指標というのはあるのでしょうか。

2．種類株式ではなく属人的株式による場合、たとえば、100株のうち99株を後継者に株価対策後譲渡する前に属人的株式の合意をし、後継者が育つまでの間、後継者の議決権をゼロとして現代表者が経営権を維持できるような下記定款変更は、行き過ぎた定款変更として無効になる恐れはあるでしょうか。

　　また、有効とする場合、後継者から会社に対して配当請求することはできるのでしょうか。

（定款記載例）

　株主、代表取締役A以外の株主については、その有する株式数にかかわらず、株主総会における議決権を有しない。ただし、下記の事項が生じた場合には、本条の効力は失い、すべての株主に議決権が復活する。

　①　Aの死亡

　②　Aの代表取締役の退任

　③　……

【回答】

1　種類株式の配当請求権

　株式会社において、配当をするかどうかについては、株主総会で決議するものと定められています。

　配当優先株式は、株主総会で配当決議があった場合に優先して配当を受ける権利を有するに過ぎず、株主総会を経ずに配当請求権を有するものではありません。

　配当優先株式を取得した少数株主は、株式取得の際、上記扱いを前提として株式を取得するものです。

　したがって、配当を強制する請求権はない、というのが結論となります。

　もし、配当を確実に得たいのであれば、株式を取得する際に株主間契約などを締結して、配当決議がなされるよう手配しておくなどの手段をとることになります。

　株主間契約を締結しても、それに反した議決権行使をすることはでき、その株主総会決議は有効となりますが、株主間契約違反を理由とする損害賠償請求権が成立する可能性があります。

　次に、属人的株式についてですが、提示していただいた定款案は、「議決権を有しない」ということですので、属人的株式ではなく、「無議決権株式」ということになると思います。

　属人的株式にするのであれば無議決権ではなく、議決権に差を設ける形態での定款にすることになります。

2　属人的株式の注意点

　ところで、属人的株式については、議決権を100分の1に縮減した定款変更決議が、目的の正当性および手段の相当性を欠き、無効とされた裁判例があります（東京地裁立川支部平成25年9月25日判決）。

　したがって、無効となる可能性があることを念頭において設計する必要

があります。

　しかし、事業承継において、株式の経済的価値のみを先行して後継者に譲渡し、議決権を先代経営者に残しておく、という目的は少数株主排除の目的ではなく、かつ、提示いただいた手段としても相当性を欠くとは言いにくいと思いますので、有効となりやすいのではないか、と思います。

　なお、属人的株式を設計する際には、あわせて先代経営者と後継者との間で、株主間契約を締結して、属人的株式について、両者合意した証拠を残しておくことをおすすめします。

　また、上記の効果を発生させるには、種類株式、属人的定めの他、信託を利用することもできますので、あわせてご検討ください。

　信託を利用する場合には、たとえば株式を信託財産として、信託を設定し、後継者を受託者にし、先代経営者に議決権行使の指図権を付与する方法があります。

【補足】無議決権株式を利用した遺留分対策

　種類株式を利用して、遺留分対策を行う場合があります。

　同族会社の株式を遺留分権利者に相続させる、という方法です。

　ただし、普通株式を相続させてしまうと、株主総会が混乱したりして、経営に支障が出る場合もあります。

　そこで、遺留分権利者に相続させる株式を「無議決権株式」にして、議決権を無くしてから、遺言により遺留分権利者に相続させる、という方法をとります。

　これは、種類株式の一種です。

　会社は、定款により、株主総会で議決権を行使することができる事項について、内容の異なる2以上の種類の株式を発行することができる、としています（会社法108条1項3号）。

　そこで、株主総会のすべての決議事項について議決権のない株式（無議

決権株式）を発行することもできることになります。

　そうすると、議決権がなくなりますので、株主総会が混乱することを防ぐことができ、かつ、遺留分相当額を相続させることができるので、相続開始後、遺留分侵害額請求を防ぐことができます。

　この場合、株式の評価については、議決権の有無にかかわらず、原則評価とされています。

　その後は、資金に余裕ができたときに、自社株対策を実施して株式の価値を下げ、スクイーズアウトにより、少数株主を締め出します。

　スクイーズアウトには、主に次の３種類があります。

　①　全部取得条項付種類株式を利用する方法

　②　株式併合を利用する方法

　③　株式等売渡請求を行う方法

　会社の状況によって、適切な方法を選択して、少数株主を締め出し、遺留分対策が完了することになります。

1-10　従業者の過半数代表者の選任

【質問】

　顧問先が労働者基準法の36協定を締結することとなり、従業者の過半数代表者を選任することとなりました。

　この選任に、従業員が2人立候補しました。立候補者の1人は、他の立候補者の上司であり、会社に協力的です。

　公平に代表者を選任したいのですが、会社は、部署ごとに同意書を回覧して自署、押印する準備をしています。

　しかし、回覧だと、自分の意思に沿った記載ができない者もいると思われます。このまま進めても良いでしょうか。

【回答】

　労働基準法上の36協定は、労働基準法36条に基づく事業場における労使の時間外・休日労働協定です。労働基準法では、使用者は、原則として、1日8時間、週40時間を超えて労働者を労働させてはならない、としています（労働基準法32条1項）。

　しかし、事業場の労使協定を締結し、それを行政官庁に届け出れば、その協定の定めるところにより時間外・休日労働をさせることができます（労働基準法36条1項）。

　そして、この労使協定は、使用者と、事業場の労働者の過半数を組織する労働組合または労働者の過半数を代表する者（過半数代表者）との間で締結することになります（労働基準法36条1項）。

　この「労働者」には、正社員だけでなく、パートやアルバイトなどを含めた事業場のすべての労働者が含まれますので、その過半数を組織する労働組合あるいは過半数を代表する者でなければなりません。

　過半数代表者の選任方法については、

①　労基法上の管理監督者でないこと

②　選出目的を明らかにした投票、挙手などの方法により選出される者
　　であって、使用者の意向に基づき選出されたものでないこと

という要件があります（労働基準法施行規則6条の2）。

　ここで、「管理監督者」とは、労働条件の決定その他労務管理について経営者と一体的な立場にある人を指します。

　そして、選出方法は、持ち回り決議でもよい、とされていますが、その回覧方法が、使用者の意向に基づいていると認定される場合には無効となる可能性がありますので、持ち回り方法には、使用者側の恣意が入らないよう表現など気をつける必要があるかと思います。

1-11 贈与の詐害行為該当性

【質問】

> 昨年、関与先社長が所有する法人を売却しました。
>
> 銀行借入金の保証人変更がうまく進まない中、自宅を妻に贈与しました。
>
> その後、保証人変更前に売却相手先において返済が滞り、金融機関から保証人である関与先社長に対して一括弁済が来ました。
>
> 贈与から弁済請求までの期間は半年ほどです。
>
> 1．この場合でも、贈与が詐害行為となるのでしょうか。
>
> 2．依頼している弁護士からは、敗訴して取り戻される予定であるとのことですが、この場合、妻は贈与税の申告は必要でしょうか。

【回答】

　詐害行為が成立するのは、その贈与の時点において、「将来、返済が滞って返済ができなくなるだろう。そのときには、この家も取られてしまうかもしれない。そうであれば、今のうちに贈与してしまおう」というような事情がある場合です。

　したがって、返済が滞るなど思いもよらない状態で贈与しているのであれば、詐害の意思がなく、詐害行為は成立しません。

　贈与税の納税義務については、贈与に無効や取消事由があって、実際に無効あるいは取消しにより名義移転がされ、その経済的効果が失われていない限り、納税義務があることになると考えます。（『租税法　第23版』金子宏　130頁）

　それは、利息制限法の制限超過利息を収受した場合に、課税対象となるとされた最高裁昭和46年11月9日判決とパラレルに考えられると思います。

　ただし、贈与税の申告期限前に詐害行為取消訴訟の判決が確定し、登記名義が贈与者に戻った場合には、以下に該当し、贈与税に申告は不要と考えます。

　　　名義変更等が行われた後にその取消し等があった場合の贈与税の取扱いについて

https://www.nta.go.jp/law/tsutatsu/kobetsu/sozoku/640523/01.htm

　「8　贈与契約が法定取消権又は法定解除権に基づいて取り消され、又は解除されその旨の申出があった場合においては、その取り消され、又は解除されたことが当該贈与に係る財産の名義を贈与者の名義に変更したことその他により確認された場合に限り、その贈与はなかったものとして取り扱う。」

　また、贈与税の申告後、詐害行為取消しとなった場合は、以下のように、更正の請求となると考えます。

　「9　贈与税の申告又は決定若しくは更正の日後に当該贈与税に係る贈与契約が「8」に該当して取り消され又は解除されたときは、国税通則法（昭和37年法律第66号）第23条第2項の規定による更正の請求ができるのであるから留意する。（昭57直資2-177改正）」

　ただし、この点は、最高裁判決がありませんので、未確定です。

　特別土地保有税に関して、詐害行為取消しになったとしても、土地移転の事実がなくなったわけではなく、また、詐害行為取消しの効果が相対効であることから、更正の請求を認めなかった裁判例があります（最高裁平成14年12月17日判決、TAINS　Z999-8067）。

　上記判決については、特別土地保有税は、経済的価値の移転ではなく、課税の対象が土地の移転という事実に着目しているため、結論が異なっているものと理解しています。

【補足】

　詐害行為取消権については、民法改正により2020年4月1日より前に詐害行為を行った場合には、旧民法が適用され、2020年4月1日以降に詐害行為を行った場合は、改正民法が適用されます。

（改正民法）

第424条

　　1　債権者は、債務者が債権者を害することを知ってした行為の取消しを裁判所に請求することができる。ただし、その行為によって利益を受けた者（以下この款において「受益者」という。）がその行為の時において債権者を害することを知らなかったときは、この限りでない。

（旧民法）

第424条

　　1　債権者は、債務者が債権者を害することを知ってした法律行為の取消しを裁判所に請求することができる。ただし、その行為によって利益を受けた者又は転得者がその行為又は転得の時において債権者を害すべき事実を知らなかったときは、この限りでない。

1-12 事業譲渡の詐害行為該当性

【質問】

　株式会社である顧問先が、取引先から事業を譲り受けようとしています。

　取引先は、借入金の負担が重く、返済が難しくなっていることから、倒産を避けて、従業員の雇用を守りたい、ということです。

　事業譲渡にも詐害行為は適用されるでしょうか。また、顧問先のリスクがあれば、教えてください。

【回答】

1　詐害行為の対象になるか

　事業譲渡とは、一定の営業の目的のため組織化され、有機的一体として機能する財産の全部または重要なる一部を譲渡し、これによって譲渡会社がその財産によって営んでいた営業的活動の全部または重要な一部を譲受人に受け継がせ、譲渡会社がその譲渡の限度に応じ法律上当然に競業避止義務を負う結果を伴うものをいいます（最高裁昭和40年9月22日判決）。

　この事業譲渡は、組織法上の行為ではなく、個別の譲渡になりますので、詐害行為取消権の対象となります。

　したがって、不当に低い価額により事業を譲り受ける等、詐害行為取消権の要件を満たす場合には、取引先の債権者から、詐害行為取消訴訟を提起される可能性があります。

　なお、国税通則法42条が民法424条を準用していますので、租税滞納にも詐害行為取消権が適用されます。

2　商号続用責任

　次に、顧問先が、事業譲渡後、取引先の商号を引き続き使用する場合には、原則として、取引先の事業によって生じた債務を弁済する責任を負います（会社法22条1項）。ただし、顧問先が、事業を譲り受けた後、遅滞なく、譲渡会社の債務を負わない旨を登記した場合、または、取引先と顧問先の両方から債権者に対して債務を負わない旨の通知をした場合には、この責任を免れることになります（同条2項）。

　なお、商号だけでなく、屋号を続用した場合にも商号続用責任が類推適用される可能性があります（最高裁平成16年2月20日判決、判例時報1855号141頁）。

3　会社法の直接履行請求

　詐害的事業譲渡の場合には、譲受会社が事業譲渡により残存債権者を害することを知っていたとき、残存債権者は、譲受会社に対して承継した財産の価額の限度で直接履行請求ができる旨が定められています（会社法23条の2）。

4　第二次納税義務

　事業譲渡に関しては、第二次納税義務の規定もあります。

　ただし、第二次納税義務が課せられるのは、親族等の特殊関係個人または同族会社の場合ですので、そのような関係にある場合には、第二次納税義務に関しても、ご検討ください。

1-13 認知症気味の依頼者の遺言書作成上の注意

【質問】

> 関与先の社長より、社長の父親の遺言作成の依頼がありました。
>
> しかし、聞いてみると、社長の父親は、高齢で認知症気味だということです。
>
> 公正証書で作成しようと思いますが、この場合に注意すべきことを教えてください。

【回答】

　高齢者の遺言書では、遺言作成時に意思能力があったかどうかが争われるケースが増えています。

　意思能力が否定されると、当該遺言が無効になり、遺産分割が必要となります。

　そのため、遺言時に遺言者が意思能力を有していたことの証拠を残しておくことが必要です。

　1つの方法は、公正証書遺言にすることです。公正証書遺言は、公証人による意思確認が入りますので、一定の証明力があります。

　しかし、公正証書遺言も無効となる場合があります。

　東京地裁平成29年6月6日判決（判例時報2370号68頁）は、アルツハイマー型認知症を発症していた被相続人が公正証書遺言をした事例において、長谷川式認知症スケールや医師の意見書、日常の行動などを検討した上で、遺言の当時、遺言能力がなかったとして、公正証書遺言を無効としました。

　そこで、公正証書以外にも証拠化を検討しておく必要があります。

　まず、先生が面談して遺言の意味を理解できるかどうか確認し、質疑のメモを残しておきます。面談時の録音、録画も意思能力判定の資料となり

ます。

　また、時間の経過とともに廃棄の可能性のある看護記録やカルテ等の取得も検討した方が良いでしょう。

　さらに、医師による意思能力に関する意見書、長谷川式認知症スケール等も有効な証拠となります。

1-14　清算中法人の継続方法

【質問】

　顧問先法人（株）Ａ社は、株主Ｂが50％、株主Ｃが50％出資する同族会社です。

　株主間に争いがあり、Ｃが会社解散請求訴訟を提起し、解散を命ずる裁判が確定しました。

　現在、地裁が指名した弁護士が代表清算人となって清算中です。

　ＢとＣは敵対しておりましたが、仲直りをして会社を継続する方向で協議中です。

　会社法に基づく解散法人は株主総会の決議により継続することができると規定されておりますが、裁判に基づく解散命令を受けた会社が継続する場合については規定がありません。

　継続する方法をご教示ください。

【回答】

　会社法473条は、会社法471条１号〜３号により解散し、または472条により解散したとみなされた場合には、清算結了までの間、株主総会の特別決議によって、株式会社を継続することができる、と規定しています。

　会社法471条で解散事由とされているのは、次の場合です。

① 　定款で定めた存続期間の満了

② 　定款で定めた解散の事由の発生

③ 　株主総会の決議

④ 　合併（合併により当該株式会社が消滅する場合に限る）

⑤ 　破産手続開始の決定

⑥ 　第824条第１項又は第833条第１項の規定による解散を命ずる裁判

このうち、継続の対象となるのは、

①　定款で定めた存続期間の満了

②　定款で定めた解散の事由の発生

③　株主総会の決議

ということになります。

ところで、解散判決は、会社法471条6号による解散であり、473条により株式会社を継続できる場合とされておりません。

したがって、解散判決の場合には、同条項によっては継続決議ができない、と解されています。合併、破産手続開始決定、解散命令、解散判決の場合に継続できないのは、これらの場合、会社の多数株主が望んだとしても、会社の継続を認めることは適切でないため、とされています。(『会社法（第2版）』田中亘　708頁)。

したがって、一旦清算を結了させ、改めて事業を開始することになるかと思います。

清算中の会社であっても、役員の功労に報い得るため株主総会の決議により退職慰労金を支給することも清算の目的の範囲内とされています（大審院大正2年7月9日判決）ので、税務上有利な清算方法を選択していくことになるかと思います。

1-15　税理士の監査役への就任の是非

【質問】

　取締役会設置会社である顧問先より、監査役の退任に伴い、顧問税理士である私に監査役に就任してもらえないか、との相談がありました。

　税理士が監査役になるのは法的に問題がありますか。また、税理士法的にも問題がないのでしょうか。

【回答】

　税理士の使命は、税理士法1条に規定されています。

　「税理士は、税務に関する専門家として、独立した公正な立場において、申告納税制度の理念にそって、納税義務者の信頼にこたえ、租税に関する法令に規定された納税義務の適正な実現を図ることを使命とする。」

　監査役の使命は、取締役等の職務の執行を監査することです（会社法381条）。ここで、監査とは、職務執行が適正に行われているかどうかを調査し、必要な場合には是正を行うことをいいます。

　上記の観点からすると、顧問税理士の使命と監査役の使命とは異なるものであり、かつ、矛盾するものではないと考えられます。

　したがって、法的に禁止されているわけではありません。

　ただ、「好ましくない」とする意見もありますので、付言しておきます。

　監査役は会計監査に限定されている場合と業務監査まで行う場合がありますが、会計帳簿を作成する側にいる税理士が、それを監査するのは矛盾するのではないか、ということです。

　税理士としての業務範囲が、会社側が作成した会計帳簿を前提として、

税務書類の作成及び申告代理を行うことであるならば、矛盾しませんが、税理士が記帳代行業務を行い、後日監査役として、その作成した会計帳簿を監査するのは矛盾する、という主張だと思われます。

　弁護士の事例ですが、弁護士の資格を有する監査役が、会社の訴訟事件について会社から委任されて訴訟代理人に就任した事件について、裁判所は、会社の使用人（業務執行取締役の指揮・監督下で職務を行う者）になるわけではないから、兼任制限に違反しない、としたものがあります（最高裁昭和61年2月18日判決、百選74）。

　以上のような留意点を参考に、ご検討いただければと思います。

1-16　法人の存続と退職金

【質問】

　父親が創業者である株式会社について、長男が承継しなかったことから、事業を停止し、休眠になりました。

　会社には預金が300万円残っており、債務はありません。

　父親は、当該会社に愛着を持っているので、存命中は残しておきたいと思いますが、解散決議のみ行い、清算せずに保留しておくことに問題はあるでしょうか。

　また、預金300万円を役員退職金として父親に支払うことは可能でしょうか。

【回答】

　株式会社が解散した場合、通常、代表者が清算人となって引き続き清算事務を行うことになります。

　そこで、代表者が「退職」したことになるのかどうか、という点が問題となりますが、この点は、所基通30-2-(6)で、「(6)　法人が解散した場合において引き続き役員又は使用人として清算事務に従事する者に対し、その解散前の勤続期間に係る退職手当等として支払われる給与」は、退職所得となる旨規定されていますので、クリアできるかと思います。

　次に、役員退職給与の過大性についてですが、300万円ということであれば、この点もあまり問題にならないと思われます。

　気になるのは、休眠中ということなので、このタイミングでの損金性が認められるか、という点です。

　損金は費用収益対応の原則により、今期の収益に対応する費用が損金として認められます。

　役員退職慰労金は、当該役員の過去の業務執行が今期の業績に結実していると評価されるため、損金性が認められるものと考えられるからです。

　しかし、休眠し、その後資産に変動がないということであれば、残っている300万円が、まさに当該代表者の過去の業務執行の結果とも言えるため、損金性を認められてしかるべき、と考えることができると思います。

　そして、休眠のままにしておくと、みなし解散として強制的に解散になることがありますので、そうであれば、こちらのタイミングで解散させておいた方がよろしいかと思います。

　よって結論としては、債務超過とならないよう（清算中に債務超過となると、破産申立てをする義務が生じます）退職金を支払うのがよろしいかと思います。

　なお、商業登記規則81条は、次のように規定しています。

　次に掲げる場合には、登記官は、当該登記記録を閉鎖することができる。
　一　解散の登記をした後10年を経過したとき。

　したがって、解散登記から10年以上経過した場合には、登記が閉鎖される可能性もあります。

　解散したままにしておくということは、清算人が清算事務を懈怠することになりますが、同族会社であれば、特に問題が生ずることもないかと思います。

1-17　役員の退職金の支給時期

【質問】

　役員の死亡退職後、３年経過して、役員の遺族から「退職金が支払われていない」として、退職慰労金の支払いを要求されています。

　退職した年度に退任届による登記の抹消はしておりますが、そのときの株主総会の議事録には、退職金についてのことは何も触れておりません。

　会社法と税法の視点で、どのようにアドバイスをすればよいでしょうか。

【回答】

　会社法の視点では、定款の定めまたは株主総会決議に従って支給することになりますので、臨時株主総会で決議をすることが必要です。

　税法の観点では、まず、最高裁昭和47年12月26日判決（TAINS　Ｚ066-3017）を検討します。

　同判決は、「退職手当金等が旧相続税法（昭和22年法律87号）４条１項４号に該当するというためには、実質上、相続によって財産を取得したのと同視すべき関係にあるという以上、被相続人の死亡による相続開始の際、その支給額はたとえ未確定であるにせよ、少なくとも退職金の支給されること自体は、退職手当金支給規定その他明示または黙示の契約等により、当然に予定された場合であることを要する」としています。

　上記は、退職後、死亡した事案ですが、裁判所は、退職手当金が、退職者に支給される「べき」事案であるかどうかを問題にしているものです。

　したがって、関与先に退職慰労金支給規定があるか、過去の役員に支払った実績があるか、本件役員には退職慰労金を支払うべき事情があるか、

などの事情が認められるかどうか、という点を検討することになるかと思います。

　かかる事情がない場合には、相続によって財産を取得したことにはならず、退職慰労金として相続人に対して支払ったとしても、一時所得になり、所得税の課税対象となるとされています。

　そして、法人の方は、金銭を会社と無関係の人に贈与したということになりますので、寄附金として認識されるのではないかと思います。

　次に、上記の事情が認められる場合には、被相続人の死亡後3年以内に支給が確定したかどうかで相続税の課税対象になるかどうか、という要件がありますので（相続税法3条1項2号）、その観点から助言されるのがよろしいかと思います。

（参考）相続税基本通達3-30

　法第3条第1項第2号に規定する「被相続人の死亡後3年以内に支給が確定したもの」とは、被相続人に支給されるべきであった退職手当金等の額が被相続人の死亡後3年以内に確定したものをいい、実際に支給される時期が被相続人の死亡後3年以内であるかどうかを問わないものとする。この場合において、支給されることは確定していてもその額が確定しないものについては、同号の支給が確定したものには該当しないものとする。

1-18　役員退職慰労金の決定方法

【質問】

　同族会社における役員の退職慰労金について、株主総会で具体的な金額の決定がない場合において、株主総会では、取締役会に一任し、さらに取締役会では、具体的な金額の決定については、代表取締役に一任するという決議は可能でしょうか。

　可能な場合、または不可能な場合の法的な根拠を教えてください。

　この場合、役員退職慰労金規定が存在し、それに従った金額を決定するものとします。

【回答】

　役員の退職慰労金について、最高裁昭和39年12月11日判決（判例時報401号61頁）は、「株式会社の役員に対する退職慰労金は、その在職中における職務執行の対価として支給されるものである限り、商法280条、同269条にいう報酬に含まれるものと解すべく、これにつき定款にその額の定めがない限り株主総会の決議をもってこれを定むべきものであり、無条件に取締役会の決定に一任することは許されない」としています。

　しかし、役員報酬を株主総会決議事項にしているのは、取締役のお手盛りを防止することが趣旨ですから、実務上は、株主総会において、

(1)　役員退職金規程等の一定の基準に従って退職慰労金を支給するものとし、

(2)　具体的な金額、支給期日、支給方法は取締役会の決定に一任する

旨を決議することが多いように思います。

前記最高裁判決では、

(1)　会社の業績はもちろん、退職役員の勤続年数、担当業務、功績の軽

　　重等から割り出した一定の基準に従って退職慰労金を支給する慣例が

　　あったことから、その慣例によって支給することを前提として、

(2)　退職慰労金の決定を取締役に一任する旨の株主総会決議がなされた

　　事案において、「株主総会においてその金額等に関する一定の枠が決定

　　されたものというべき」として、

有効と判断しました。

　したがって、本件において、役員退職慰労金規程が存在し、それが金額

（あるいは上限）を計算できる一定の基準となっており、その規程を株主が

知っているか、あるいは知ろうと思えば知ることができるような状態にな

っているのであれば、その基準によって支給することを前提として取締役

会に一任する決議をすることも有効と考えます。

　そして、取締役会の決定に一任されれば、その後、取締役会が代表取締

役に一任することも有効と解されます。

会社法第360条第1項

　取締役の報酬、賞与その他の職務執行の対価として株式会社から受ける財産
上の利益（以下この章において「報酬等」という。）についての次に掲げる事項
は、定款に当該事項を定めていないときは、株主総会の決議によって定める。

1-19　有限会社から社労士法人への組織変更は認められるか

【質問】

　会社法で有限責任会社から無限責任の会社への組織変更は認められているでしょうか。

　私は社労士資格を持っているのですが、特例有限会社を社労士法人に現物出資という形で組織変更できるでしょうか。

【回答】

　会社法では、合名会社、合資会社、合同会社等の持分会社においては、定款変更をすることにより、相互に会社の種類の変更をすることができます（会社法637条、638条）。

　会社法では、これらは組織変更ではなく、定款変更による会社の種類の変更とされています。

　また、特例有限会社を定款変更により株式会社にし、当該株式会社を組織変更により、合名会社、合資会社、合同会社等の持分会社にすることもできます（会社法743条〜745条、775条〜780条）。

　しかし、これらの条文は、社労士法に準用されていませんので、社労士法人に組織変更はできないものと解されます。

1-20　幼児に対する贈与の有効性

【質問】

　顧問先の株式会社の代表者の株式を3歳の子供に110万円以内で贈与したいとのことです。

　議事録作成をし、親権者のサインにて贈与証書を作成することによりこの贈与契約は有効になりますか。

　もし有効にならないようでしたら、有効にするための方法があればご教示お願いします。

　また、それ以外に注意することがあれば、あわせて教えてください。

【回答】

　法務面と税務面の関係から回答します。

〈法務面〉

　親が3歳の子に株式を贈与する場合、子は未成年者ですので、親権者法定代理人が子を代理して契約をします。

　通常は、父母が共同して親権を行使します（民法813条3項）ので、贈与契約書の受贈者の契約当事者名は、「受贈者○○親権者法定代理人父○○印、同母○○印」となります。

民法第818条

1　成年に達しない子は、父母の親権に服する。

2　子が養子であるときは、養親の親権に服する。

3　親権は、父母の婚姻中は、父母が共同して行う。ただし、父母の一方が親権を行うことができないときは、他の一方が行う。

この場合、「特別代理人」の選任が必要かどうか、疑問に思うかもしれませんが、特別代理人の選任が必要なケースは、親権者に利益があって未成年者に不利益な場合です。

民法第826条第1項
　　親権を行う父又は母とその子との利益が相反する行為については、親権を行う者は、その子のために特別代理人を選任することを家庭裁判所に請求しなければならない。

親権者から未成年者への贈与は、未成年者のみの利益のため、利益相反にならない、と解されています。

また、3歳の子供は議決権を行使できないので、株式の贈与は無効ではないか、との疑問があるかもしれませんが、株式には議決権だけでなく経済的価値もあり、早期贈与には意味がありますので、可能と考えます。

したがって、贈与契約は有効と考えます。

〈税務面〉

3歳の子供は株式の管理能力がありませんので、贈与を受けた110万円分の株式は親権者が管理することになると思われます。

そこで、その状態が続くことにより、将来、親に相続が発生した際に、「名義株」を疑われる可能性があります。

そこで、

・成人した場合には、子供が株主権を行使するようにすること

・途中、配当を出し、配当金を子供名義の預金通帳に入金するとともに、遅くとも成人になった際に速やかに預金通帳を引き渡すこと（その前に引き渡せるのであれば、その方が望ましい）

・贈与契約書は必ず作成すること

・株主総会を開催し、株主総会議事録で、親権者法定代理人が議決権を

　行使すること

などにご留意いただければと思います。

1-21　法人の債務と連帯保証人の債務

【質問】

　顧問先の法人が、資金繰りが悪く、金融機関からの借入金約5,000万円の返済が滞っており、一括返済を迫られております。

　現在、金融機関より内容証明が届き、法人の預金がすべて借入の返済に相殺されている状況ですが、どのタイミングまたはどのような手続きで法人の債務が連帯保証人の債務となるでしょうか。

【回答】

　業務フローは、金融機関ごとで異なりますが、多くの金融機関では3か月程度返済が滞り、返済の目処が立たなさそうであれば、一括返済に切り替え、内容証明郵便で一括請求をしてきます。

　今回の場合、預金が相殺されたということなので、相殺によって残債務額が確定することになるかと思います。

　そこで多くの場合には、まもなくその主債務者および連帯保証人に対して、残債務を一括請求する内容証明郵便が送付されてくるものと推測します。

　この場合、連帯保証人個人の債務が顕在化しますので、話合いにより解決するか、破産手続開始の申立てその他、法的手続きにより解決するかを検討することになるかと思います。

　なお、不動産などの担保がある場合には、金融機関からは任意に売却して返済することを求められます。その方が、競売よりも返済額が多くなることが多いためです。

　任意売却をしない場合には、不動産競売の手続きに移行することになると思われます。

1-22　役員報酬の法的な定め

【質問】

役員報酬について、締日や支払日の概念がないということをよく聞くのですが、法的な定めとしてはどう考えるのが正しいのでしょうか。

たとえば、あるクライアントで、従業員の給与の支払方法が「3月分を4月25日に支払う」と決めている会社で、役員についても同様な概念で「3月分を4月25日に支払う」として運用しているのですが、役員の場合には、このような「3月分を4月25日に支払う」という概念があるのでしょうか。

また仮に、締日と支払日の概念がある場合ですが、いつも悩むのが、定期同額給与の問題を考えるときに、「役員報酬について締め日ベースで、定期同額と考えてよいのかどうか」という点があります。

たとえば、3月決算で、6月までに役員報酬を変更しなければいけない場合に、6月分に関する7月支払い分から変更しても大丈夫なのかどうか、という点についても、あわせてアドバイスをいただけると助かります。

【回答】

この点については、法務と税務では区別して考える必要があります。

〈法務面〉

役員の場合には、役員報酬についての締日や支払日について、法的な定めはありません。

3月分を4月に支払うことは、法的には可能です。

したがって、3月決算で、6月までに役員報酬を変更しなければいけな

い場合に、6 月分に関する 7 月支払い分から変更しても問題ありません。

〈税務面〉

　税務上は、損金として認められるかどうか、がポイントになってきますので、定期同額給与に該当するように運用しなければならないことになります。

　定期同額給与は、「決議」ではなく「支給」を基準とされていますので、いつ支給されたのか、がポイントとなります。

法人税法第34条 1 項 1 号
　その支給時期が一月以下の一定の期間ごとである給与（次号イにおいて「定期給与」という。）で当該事業年度の各支給時期における支給額が同額であるものその他これに準ずるものとして政令で定める給与（同号において「定期同額給与」という。）

　役員の職務執行期間は、通常の場合、定時株主総会による選任決議（即日就任承諾）の日から翌年の定時株主総会の終了日です。

　そして、定時株主総会において、同時に役員報酬について決議がされますが、そこで決議されるのは、当該事業年度における役員報酬となります。

　したがって、3 月末日で定時株主総会が開催されるとすると、そこで決議される役員報酬は、4 月 1 日から翌年の定時株主総会の日（おそらく翌年 3 月ころ）までの期間に支払われる役員報酬となります。

　そこで、多くの場合には、3 月末日の定時株主総会で決議した場合には、4 月の役員報酬から改定されることになります。

　この場合に、法人税法施行令69条 1 項 1 号の次の要件に該当するかどうかを検討することになります。

法人税法施行令69条第 1 項第 1 号

> 　定期給与で、次に掲げる改定がされた場合において、当該事業年度開始の日
> 又は給与改定前の最後の支給時期の翌日から給与改定後の最初の支給時期の前
> 日又は当該事業年度終了の日までの間の各支給時期における支給額が同額であ
> るもの

　これを当てはめると、たとえば、6月30日に定時株主総会を開催したと
すると、

(1)　当該事業年度開始の日（4月1日）から給与改定後の最初の支給時
　　期の前日（7月24日）までの間の各支給時期が同額か

(2)　給与改定前の最後の支給時期の翌日（6月26日）から当該事業年度
　　終了の日（翌年3月31日）までの間の各支給時期が同額か

で判断されるものと考えます。

　この点、詳しく説明した国税庁Q＆AがありますのでQ2をご参照くださ
い。

　https://www.nta.go.jp/law/joho-zeikaishaku/hojin/qa.pdf

　同回答では、4月1日を事業年度開始とする会社において、次の①また
は②に掲げる各支給時期における支給額が同額である場合には、それぞれ
が定期同額給与に該当することとなります。

①　当該事業年度開始の日（4/1）から給与改定後の最初の支給時期の
　　前日（7/30）までの間の各支給時期⇒4月30日、5月31日、6月30日

②　給与改定前の最後の支給時期の翌日（7/1）から当該事業年度終了
　　の日（3/31）までの間の各支給時期⇒7月31日、8月31日、……、3
　　月31日」

とされています。

1-23　協業組合の自己株式の取得の可否

【質問】

協業組合は自己株式を取得できますか。

できない場合は、既存組合員が買わざるを得ないのでしようか。

【回答】

協業組合は、「中小企業団体の組織に関する法律」（以下、「法」といいます）に規定する協業組合であることを前提として検討します。

また、協業組合は株式を発行しませんので、自己株取得ではなく、「協業組合が組合員の有する持分を取得することができるか」というご質問として理解したいと思います。

同法には、自己持分の取得に関する条項はありません。

また、法5条14の4項は、協同組合法17条2項から4項を準用しています。

協同組合法171条2項は、「組合員でないものが持分を譲り受けようとするときは、加入の例によらなければならない。」とされています。

協業組合は、「組合員」ではありませんので、持分を譲り受けるには、加入しなければなりませんが、協業組合は、加入し、組合員になることはできません。

したがって、協業組合は、持分を取得することはできない、と解されます。

組合員が持分の譲渡をするには、組合員にするか、非組合員が加入して譲り受けるか、ということになるかと思います。

あるいは、法第38条によって持分の払戻しを受けるか、ということになるかと思います。

中小企業団体の組織に関する法律第38条
1　非出資組合の組合員は、30日前までに予告して脱退することができる。
2　前項の予告期間は、定款で延長することができる。ただし、その期間は、90日をこえてはならない。
3　組合員の脱退については、協同組合法第19条（法定脱退）の規定を、出資組合の組合員の脱退については、協同組合法第18条（自由脱退）及び第20条から第22条まで（持分の払戻）の規定を準用する。

協同組合法第20条
1　組合員は、第18条又は前条第1項第1号から第4号までの規定により脱退したときは、定款の定めるところにより、その持分の全部又は一部の払戻を請求することができる。
2　前項の持分は、脱退した事業年度の終における組合財産によって定める。
3　前項の持分を計算するにあたり、組合の財産をもつてその債務を完済するに足りないときは、組合は、定款の定めるところにより、脱退した組合員に対し、その負担に帰すべき損失額の払込を請求することができる。

1-24　親族の労働実態の証拠の残し方

【質問】

　A社は同族会社であり、代表取締役甲が株式を100%保有しております。

　甲の妻乙が取締役となっており、子の丙（高校生、アルバイト）、乙の父丁が非常勤として働いております。子の丙はA社の雑務を手伝っており、アルバイト代としてA社から毎月5万円をもらっていますが、甲より手渡しでもらっています。

　甲は丙の仕事の実態を証明する記録を残しておらず、給与も手渡しであることから、調査の際否認されるのではないかと危惧しております。

　今後、丙の業務の実態を立証するための記録、支払ったことの記録を残すには証拠として何が有効でしょうか。

【回答】

　労働の実態があるかどうかが問題となるものと考えます。

　株主総会議事録や雇用契約書なども証拠にはなりますが、それは実態がなくても作ることができるものなので、証明力は低くなると思いますが、一応の証拠にはなります。

　できる限り実態を証明できる証拠を残す方が望ましいと思います。

　たとえば、実際に働いているならば、

　・専用ロッカー

　・専用デスク、仕事をするための備品類

　・専用パソコン

　・メールアカウント

　　・定期券

　　・その他仕事を実際にするのに必要なもの

があるはずです。

　そのようなものを増やしていくことになるかと思います。

　仕事の指示や報告をメールやLINEで行うことも有効かと思います。

　たとえば、毎回、退社の際に、当日行った業務をメールで報告をもらっ
ておく等です。

　そうすれば、勤務日と実際、行った業務内容の証拠になります。

　税務調査により、雇用関係を否認するには、課税庁において、雇用関係
がないことを証明する必要があります。

　「租税法律主義、申告納税主義を採用している現行税法下の税務訴訟にお
いては」「所得の存在及びその金額について決定庁が立証責任を負うことは
いうまでもないところである」（最高裁昭和38年3月3日判決、月報9巻5号
668頁）とされているためです。

　税務調査の際には、立証責任が課税庁にあることを確認した上で、上記
で残した証拠を提示し、「貴署の主張によると、これらの証拠と矛盾するこ
とになります」と証明を迫ることになるかと思います。

1-25　代表取締役の解任方法

【質問】

> 顧問先の定時株主総会における代表取締役解任についての相談です。会社は代表取締役が会長と社長の2名おります。
>
> 会長（創業者、80%の株を保有）と社長（元従業員、10%の株を保有）の経営に関する意見が対立し、会長が社長を解任しようと考えております。
>
> 1. 株主総会招集通知を発送する予定ですが、事を荒立てたくないので、次のとおりにしたいと考えています。問題があるでしょうか。
>   (1) 取締役会で株主総会を開催する旨の決議をせずに、会長が単独で株主総会開催通知を発送する。
>   (2) 株主総会開催通知には、議題として、決算承認の件のみで役員解任の決議については記載しない。
>   (3) 当日、株主総会の場で、取締役解任の動議をする。
> 2. 上記の解任決議のあと、別の者を取締役として選任したいということですがこれは可能でしょうか。
> 3. 社長側が総会の瑕疵を指摘してきた場合、どのように対処すればよろしいでしょうか。
>   また、そのときのリスクはどのようなものがあるでしょうか。

【回答】

1　株主総会決議取消し該当性

まず、株主総会決議に瑕疵があった場合には、当該決議は取り消され、または無効となります。

会社法第831条

1　次の各号に掲げる場合には、株主等…は、株主総会等の決議の日から３箇月以内に、訴えをもって当該決議の取消しを請求することができる。(中略)

一　株主総会等の招集の手続又は決議の方法が法令若しくは定款に違反し、又は著しく不公正なとき。

二　株主総会等の決議の内容が定款に違反するとき。

三　株主総会等の決議について特別の利害関係を有する者が議決権を行使したことによって、著しく不当な決議がされたとき。

2　前項の訴えの提起があった場合において、株主総会等の招集の手続又は決議の方法が法令又は定款に違反するときであっても、裁判所は、その違反する事実が重大でなく、かつ、決議に影響を及ぼさないものであると認めるときは、同項の規定による請求を棄却することができる。

その場合には、株主総会前の状態に復帰することになります。

その間、社長の報酬が払われなければ、報酬請求権が発生します。

株主総会に瑕疵があり、訴訟等を提起された場合は敗訴しますので、裁判で争っている間に再度、適正な手続きに従って臨時株主総会を開催し、解任決議を行います。

それも大変なので、株主総会には瑕疵がないよう進めなければなりません。

必ずご確認いただきたいのは、定款です。

以下の点をご確認いただきたいと思います。

・招集権者

・招集手続き

・招集通知に議題を記載するよう求めていないか

・株主総会の議長は誰か

そして、定款の定めどおりに進めていくことが必要です。

2　招集通知の記載事項

　次に、本会社は取締役が2名、ということですので、取締役会は設置されていない会社だと思われます（会社法331条5項により、取締役会設置会社の取締役は3人以上とされているため）、取締役会設置会社で1人取締役が欠けている状態、という場合には、この方法は採用できません。

　株主総会を招集するには、取締役会で、議題を決定しなければならないためです（会社法298条1項、4項）。

　そして、株主総会招集通知にも「取締役1名解任の件」等と議題を記載する必要があります。

　取締役会設置会社においては、株主総会は、原則として招集権者が定めた議題についてしか決議をすることができないとされています（会社法309条5項）。

　次に、非取締役会設置会社である場合の説明です。

　非取締役会設置会社の場合は、招集通知に記載のない事項でも、当日、動議により議題および議案を提出することが可能とされています。

　したがって、招集通知に取締役解任の件を議題として記載する必要はありません。

　また、解任決議のあと、別の者を取締役として選任することも可能ですが、その旨の動議も必要です。

　株主総会の議長が社長と定められている場合には、議長交代の動議も必要となりますので、ご注意ください。

　なお、このような場合の株主総会の進行については、シナリオを事前に準備して、会社法の規定に違反しないよう進めていくことが肝要となります。

1-26　会社の倒産と監査役の損害賠償責任

【質問】

　上場していない会社の非常勤監査役をしており、取締役会に出席し、監査報告を作成しています。

　この会社が取締役の経営の失敗により、資金繰りがショートして倒産した場合、監査役は、株主や債権者から責任を追及されることがあるでしょうか。

【回答】

　監査役の職務は、取締役の職務の執行を監査することとされています（会社法381条1項）。

　そして、監査の範囲は、会計監査限定監査役かどうかによって異なってきます。

　そこで、まず定款で監査役の監査の範囲を会計に関する事項に限定しているかどうか（会社法381条1項）をご確認いただければと思います。

会社法第389条第1項

　　公開会社でない株式会社（監査役会設置会社及び会計監査人設置会社を除く。）は、第381条第1項の規定にかかわらず、その監査役の監査の範囲を会計に関するものに限定する旨を定款で定めることができる。

　会計監査限定監査役に関しては、職務権限は会計に関する事項に限定されることになります（同条2項〜7項）。

　したがって、会計上の違法行為がなく、取締役の経営判断の誤りによる倒産で監査役の任務懈怠責任はないとご理解いただいてよろしいかと思います。

　次に、会計監査限定監査役でない場合には、業務監査も行うことになります。

　この場合に監査役が責任を負うのは、抽象的には、善良な管理者の注意を怠ったかどうか、ということになります。

　この場合でも、違法行為がなく、取締役の経営判断の誤りによる倒産ということであれば、監査役の任務懈怠責任はないものとご理解いただいてよろしいかと思います。

　しかし、以下のような事情がある場合には、ご注意ください。

　過去の事例では、

- ・会社が法令違反をした場合に、それを公表しないことを取締役会で決定したことを黙認した場合（監査役は意見を述べなければいけません）
- ・代表取締役が資金の不正利用などを繰り返しているときに、これを防止すべく内部統制システムの整備や代表取締役の解職をすべきことを取締役会に意見しなかった場合

などに監査役の任務懈怠責任が認められています。

1-27　代表者の死後の顧問契約における注意点

【質問】

　私はＡ社の顧問税理士をしておりますが、代表者である甲氏は高齢です。

　甲氏は自分にもしものことがあった場合、乙氏にＡ社の今後を任せたいようです。

　甲氏と乙氏には血縁関係はありません。

　乙氏は経理関係の知識がないため、甲氏にもしものことがあったときにはＡ社の経理関係のことを乙氏とともにやってほしいといわれております。

　甲氏の死後もＡ社の税務関係に私が関わるために、何か契約書は必要でしょうか。

　Ａ社と顧問契約は結んでおりますが、甲氏は自分の死後に親族等が出てきて、自分が望んだ形でＡ社の運営がされなくなることを危惧しているようです。

　親族等が私にＡ社の今後にかかわらないように言われた場合、顧問契約書で対抗できるでしょうか。

【回答】

　税理士とＡ社との契約関係は、あくまで会社との契約なので、甲氏の死亡によって影響を受けません。

　一方、顧問契約は、委任契約ですので、いつでも解約が可能となっています。

　顧問契約を解約できるのは、Ａ社の代表者ということになります。

　しかし、その代表者（取締役）を選任するのは株主ですので、最終的に

は、甲氏が死亡した際の株主が誰か、がポイントになります。

　まず、親族が何を言ってこようと、A社の代表者が契約を解約しなければ、関与が続くことになります。

　しかし、A社の株式を相続人が相続した上で、代表者を解任し、親族が代表者に就任するようなことになると、早晩顧問契約も解約されることになります。

　以上については、顧問契約書で対抗することはできません。

　1つの方法としては、顧問契約期間を10年間などと長期間に設定し、依頼者の都合で中途解約した場合には、残り期間に対応する顧問料を違約金として支払う、と定めることはできますが、無効になる可能性もありますので、確実ではありません。

　そこで、甲氏死亡に伴い、株式を乙氏に移転する何らかの方法を検討する、ということになるかと思います（死因贈与、遺言、信託等）。

　また、甲氏に痴呆等が発症した場合にどうするか、という点も検討しておく必要があります。

　課税の点で上記死因贈与、遺言、信託等が難しい、ということであれば、甲氏と乙氏との信託契約により、甲氏が意思能力を喪失したり、死亡したりすることを停止条件として株式を乙氏に信託して、甲氏あるいは甲氏の相続人を受益者とする、という方法もあるかと思います。

　そして、受託者に対する指図権が相続されないようにしておくことになるかと思います。

【補足】

　甲氏と乙氏との間で株式を信託財産として信託契約を締結し、甲氏の相続人には受益権を相続させるようにします。そして、相続人が乙氏に指図をできないようにします。

　そうすると、株式の財産的価値については、相続人が享受することにな

りますが、株主権自体は受託者である乙氏が行使することになりますので、乙氏は、代表者を続けることができることになります。

　ただし、この場合、乙氏が完全に信用できるかどうか、という点が問題となります。

　何らかの監督機能を持たせるために、信託監督人を選任して監督させる、という方法もあります。

　また、あまりに独断に走るような行為があった場合に、受託者を解任することができるような条項を入れておく、ということも検討対象になるかと思います。

1-28　シンガポールの法人の買収における注意点

【質問】

> 　顧問先から、シンガポールの法人を5,000万円で買収することに関する相談がありました。
>
> 　所在地：シンガポール（1か所のみ）
>
> 　今回、顧問先である内国法人が個人株主に5,000万円を支払い、すべての株式を取得するスキームで進んでいましたが、買手役員の中から、「現地法人はすべての株式を個人株主から買い取り自己株式とし、内国法人は現地法人から買い取るのが良いのではないか」との意見が出ました。
>
> 　何らかの裏付けがあるものではなく、何となく個人に大金を払うことに抵抗がある程度の思いに起因します。
>
> 　上記の場合、売手の違いにより有利不利はありますか。

【回答】

　法人が買主になる場合に売買価格と時価との差額がある場合の、法人個人での税務上の取扱いの違いについては特にコメントするまでもないと思いますので、それ以外についてコメントします。

　M＆Aにおいては、会社という存在自体が取引の対象となりますが、会社は不動産などの現物と異なり、瑕疵が見えにくく、後日発覚することもあります。

　決算書の内容が真実と異なっていたり、隠れた保証債務や過少申告等がある場合などです。

　そのために、株式譲渡契約書に表明保証条項を入れて、後日の損害賠償請求権を確保しようとします。

　今回の場合、一度自己株式にしてしまうと、売主が購入対象会社自体となり、表明保証するのもその会社となり、損害賠償請求権を確保できなくなります。

　（購入対象会社が個人から株式を買うので、その場合には、購入対象会社が個人に対して損害賠償請求できるのではないか、という疑問があるかもしれませんが、瑕疵があるのは、購入対象会社となりますので、その瑕疵を当然に知っている前提で購入した、ということになってしまい、損害賠償請求権は成り立たないこととなると思います。）

　したがって、法的な観点からは、個人より株式を購入することをおすすめしたいと思います。

　また、株式譲渡契約について、後日紛争が生じた場合、準拠する法律や裁判所がどこになるかは、とても重要です。

　準拠法がシンガポールの法律になったり、シンガポールの裁判所で裁判を提起する必要が出てくると、多大な費用と労力の負担が生じます。

　そこで、株式譲渡契約書に、準拠法が日本法であること、また管轄裁判所が日本の特定の裁判所であることを明記しておくことも検討していただきたいと思います。

　条文例としては、以下のようになります。

　第○条　本契約は、日本法に準拠し、日本法に従って解釈される。
　第○条　本契約に関して紛争が生じた場合には、甲の本店所在地の管轄をもって第一審専属管轄裁判所とする。

【補足】

　表明保証条項とは、一例として、次のような条項です（日本法を前提とした条項です）。

各当事者は、相手方に対し、以下の各事実を表明し、保証するものとする。

⑴　甲は、譲渡日において、本件株式の甲から乙へ譲渡につき、法令及び定款その他の内部規則に基づいて必要となる手続が全てとられており、かつ、丙の株主総会において、これを承認する旨の有効な決議がされていること（甲は、譲渡日にこれらを示す議事録を乙に交付する。）を表明し、保証する。

⑵　甲は、本契約締結時及び譲渡日において、丙発行の全株式は1株であり、潜在株式は一切存在しないことを表明し、保証する。

⑶　甲は、本契約締結時及び譲渡日において、甲が本件株式に関する全ての権利を有しており、本件株式が甲以外の第三者の所有権、譲渡権、質権その他の権利の目的となっていないことを表明し、保証する。

⑷　甲は、本契約締結時及び譲渡日において、甲の知る限り、通常妥当と思われる少額の債務を除いては、丙に隠れた債務（租税公課債務を含む。）が何ら存在しないことを表明し、保証する。

⑸　甲は、本契約締結時及び譲渡日において、甲及び丙が訴訟、調停、保全事件、破産手続開始申立てその他の倒産事件等、裁判所に係属する事件のいかなる当事者にもなっておらず、そのおそれもないと認識していること及び第三者から何らの請求もしくは、異議の申出等を受けていないことを表明し、保証する。

⑹　甲は、本契約締結時点において、営業に支障が生ずるような事象を認識しておらず、また、将来において支障が生ずることが予想される事象を認識していないことを表明し、保証する。

⑺　甲は、丙の取締役（以下「本件辞任取締役」という。）から譲渡日を辞任の効力発生日とする撤回不可能な丙の役員を辞任する旨の辞任届が提出されており、かつ、本件辞任取締役が丙の株主総会において丙の取締役及び監査役に選任されていないこと、労働組合が存在しないことを表明し、保証する。

⑻　甲は、丙と丙の役員および丙の従業員との間で紛争が生じていないこと、労働組合が存在しないことを表明し、保証する。

⑼　甲および乙は、支払不能又は支払停止の状態になく、本契約上の義務を履行することによりこれらの状態に陥ることもないこと。甲および乙は、本契約の締結および本契約上の義務の履行により甲の債権者を害する意図を有していないことを表明し、保証する。

⑽　甲及び乙並びに丙は、反社会的勢力（暴力団、暴力団員、暴力団準構成員、

暴力団関係企業、総会屋、社会運動等誹謗ゴロ、特殊知能暴力集団その他これらに準ずる者をいう。以下同じ）との間に何らの資金上の関係もなく、反社会的勢力の維持、運営に協力又は関与していない。甲及び丙は、反社会的勢力に対して、名目の如何を問わず、資金の提供を行っておらず、今後も行う予定がない。甲及び丙は、反社会的勢力を、その役員等に選任しておらず、また、従業員として雇用していない。反社会的勢力が、甲及び丙の経営に関与していない。甲及び丙は、反社会的行為（暴力的な行為、法的な責任を超えた不当な要求行為、取引に関して脅迫的な言動をし、又は暴力を用いる行為その他これに順ずる行為をいう）に従事しておらず、今後も従事する予定はないことを表明し、保証する。

1-29　非取締役会設置会社で取締役を複数置くことは可能か

【質問】

> 非取締役会設置会社で取締役を複数置くことは可能ですか。
>
> この複数の取締役が話し合ったことは取締役議事録として残しておく必要はありますか。
>
> また、この議事録は法的には効力のあるものになりますか。
>
> 非取締役会設置会社は、すべての事項は株主総会の決議になりますか。

【回答】

非取締役会設置会社で取締役を複数置くことは可能です。

会社法348条2項は、「取締役が2人以上ある場合には」と規定し、非取締役設置会社で取締役を複数選任できることを前提にしています。

議事録として残すことは義務付けられていません。

しかし、非取締役会設置会社でも、業務執行の決定は、「取締役が2人以上ある場合には、株式会社の業務は、定款の定めがある場合を除き、取締役の過半数をもって決定する」（会社法348条2項）とされていますので、定款に別段の定めがない場合には、複数取締役がある場合には、取締役の過半数による決定が必要となります。

そうであれば、決定した旨の証拠を残すという意味では、議事録や決議書等を残すことが望ましいと思います。

この議事録は法的な意味はなく、過半数をもって決定した証拠としての意味を有することになります。

非取締役会設置会社は、すべての事項を株主総会で決めることもできますが、株主総会で決議することを求められている事項以外は取締役が決定

することができます。

そして、取締役が決定する事項であっても、株主総会で決議された場合には、取締役はその決議に従って業務を執行することになります。

第2章

税理士損害賠償編

2-1　顧問契約書の損害賠償条項の交渉方法

【質問】

　法人との顧問契約書に、「甲又は乙が相手方に対して損害賠償義務を負担するときは、その損害賠償の範囲は、その原因となる行為があったときの属する年の年間報酬金額を限度とする。」という条項を入れています。

　今回は、新規ご契約先に契約書を提示したところ、先方の弁護士が、「会社にとってリスクしかない」とのことで、条文の削除を求められました。

　双方ともに契約はしたい気持ちがあるのですが、契約書の折合いがつかない状況です。

　このような場合、どこまでのリスクを許容できるかということになるのだと思うのですが、先方は上限を定めること自体に抵抗しています。

　こちらの立場を守りつつ折合いをつけるには、どの部分をどのように進めるのが望ましいでしょうか

【回答】

　相手の弁護士としては、顧問先の不利になりそうな条項はすべて削除していこう、という姿勢のようです。

　私としては、税理士損害賠償の事案を多数扱っておりますので、当該条項を削除するのであれば、「契約しない」という選択をすることも視野に入れていただきたいと考えております。

　先方は、「この条項は、会社に不利である」という見解ですが、必ずしもそういう趣旨の条文ではありません。

　税理士は大変高度の注意義務を課せられています。この規定を設けず、損害が高額となった場合に、すべて税理士の責任になるということになると、税理士は、税務判断に慎重になり、すべて保守的な選択をする傾向になってしまうように思います。

　しかし、それは、必ずしも依頼者のためになりません。

　そこで、次のように説得するのが1つの方法となります。

①　税務処理は複数の選択肢がある場合が多い。

②　税務判断は常に税務否認リスクがあるものなので、この条項を削除されると、最も安全で否認リスクの少ない税務判断をせざるを得ない。

③　それは、当然税額が多額になる選択となるので、貴社にとって利益になるとは言えない。

④　しかし、否認された場合の損害をすべて当方に転嫁されるのであれば、自分を守るために、リスク最小の選択（税額が多い選択）にならざるを得ない。

⑤　そのために、この条項を入れているので、受け入れて欲しい。

⑥　もちろん間違いがないように全力を尽くす。

　もし、最後まで折合いがつかず、最終的にこの条項を削除した上で、損害賠償リスクを負っても契約を優先するという場合には、慎重に作業する時間と顧問料が見合うかどうかを検討し、顧問料の増額等も視野に入れることをおすすめします。

　その場合には、業務においては、常に判断の基礎資料などの証拠を残していき、否認リスクなどがある場合には、債務免除証書などを取得していくことをおすすめします。

　ミスを完全になくしていくためには、業務の課程において、徹底的な調査確認が必要となり、そうなると、かなりの時間と経費を要し、それなりの報酬を得ないと難しいものと考えます。

　以上のような説得をして、ご納得いただけない場合は、「契約しない」と

いう選択肢もご検討いただければと思います。

2-2　第三者割当増資における課税リスク説明方法

【質問】

> 当社の顧問先甲が第三者割当増資を行います。
>
> 増資の１株当たりの払込金額について、金額によっては株主に課税がなされるリスクがあるので、そのリスク説明を取締役にしたところ、「もう決めたことなので、それによって課税されたなら仕方ない」という回答でした。
>
> 説明した相手は甲の取締役になりますが、もし課税を受けるとすると、最も大きなリスクを負うのは甲の大株主である甲の社長となります。
>
> これによる弊社の賠償リスクをなくすため、契約書にどのような記載をしたら良いでしょうか。

【回答】

　契約書に記載するには、個別性が高すぎるので、契約書とは別の確認書や合意書の方がよろしいかと思います。

　内容としては、①説明助言義務を果たし、②債務免除を得る、という２点の記載が望ましいということになります。

　リスクとしては、

- ・有利発行をした場合の出資した株主の所得税の課税リスク（申告の有無や納税額により各種加算税、延滞税、重加算税等を含む）
- ・株主間での相続税法９条のみなし贈与の課税リスク（申告の有無や納税額により各種加算税、延滞税、重加算税等を含む）

ということになるかと思います。

　そこで、そのようなリスクを記載、それらを理解した上で、甲の判断と

責任において決定すること、課税リスクが生じる甲の株主に課税リスクを説明する責任は甲にあり、税理士は説明義務を負わないこと、甲の株主に損害が発生した場合には甲らの責任と負担で解決し、税理士に対して損害賠償その他一切の請求権を放棄すること、などを規定しておくと良いかと思います。

【補足】

〈法務面〉

　第三者割当による募集株式の発行手続きは、募集事項の決定について、公開会社では、原則として、取締役会の決議となります（会社法201条1項）。公開会社以外の株式会社では、原則として、株主総会の特別決議となります（会社法199条2項、309条2項5号）。

　「特に有利な金額」で発行する場合には、公開会社であっても、株主総会の特別決議によらなければならず、取締役は、その株主総会において、当該払込金額で募集株式の発行を行うことを必要とする理由を説明しなければなりません（会社法201条1項、199条3項）。

　なお、第三者割当による募集株式の発行により、会社や株主に損害が発生した場合には、取締役に損害賠償責任が生ずる場合があります。

〈税務面〉

(1)　株式引受人

　株式引受人が個人の場合、払込期日における株式の価額（時価）から払込金額を控除した金額（差額）について収入を得たものとされます（所得税法36条2項、所得税法施行令84条5号）。

　したがって、特に有利な金額で新株を取得した場合には、当該差額が収入となります。

　所得税法施行令84条5号の「株式と引換えに払い込むべき額が有利な

金額」についての判定方法については、所得税基本通達23〜35に定められています。

　この場合の個人株主の所得区分は、発行法人の役員・従業員等の場合には給与所得あるいは一時所得、その他の場合には一時所得となります。

　同族会社の株主の親族等が株式引受人の場合に、有利発行をした場合には、株主間で贈与税が課税されることがあります（相続税法9条）。

　株式引受人が法人の場合、払込期日における株式の価額（時価）から払込金額を控除した金額（差額）について受贈益として益金に算入されます。

　法人の場合の有利な金額かどうかの判定方法については、法人税基本通達2-3-9等に定められています。

(2)　既存株主

　過去の裁判例において、株式会社が著しく有利な発行価額で第三者割当増資をした事案において、既存株主（株式会社）から新株主（株式会社）に対して、資産の移転があったとして、法人税法22条2項の取引に該当する、とした裁判例があります（最高裁平成18年1月24日判決、判例時報1923号20頁、オウブンシャホールディング事件）。

　反対に高額発行の場合には、既存株主の株価が上昇しますので、株式引受人から既存株主へのみなし贈与が認定され、贈与税が課税され（相続税法9条）、あるいは法人税が課税されることがあります。

2-3　代金未収がある場合の決算

【質問】

　顧問先が、税務顧問料を半年以上滞納しています。

　まもなく、決算申告となるのですが、この申告料もおそらくいただけないということが想定されます。

　そこで、下記の手段を検討しています。

・事前に今回の申告料相当をいただけないと申告を受任しない。

・また同様に連絡がなく無申告となった場合のリスクを説明。

上記の対応により、損害賠償を防止することは可能でしょうか。

【回答】

　申告間際の辞任は損害賠償請求に発展する可能性がありますので、1か月以上の余裕をもって解除することをおすすめします。

　法律的な意味としては、滞納金額が入金されない場合の「債務不履行解除」、顧問契約を一方当事者から一方的に解約する場合は、「中途解約」となります。

　中途解約の場合、委任者にとって不利な時期に解約すると、損害賠償の問題になる可能性があるので、時間的余裕を持ちたいところです。

　顧問先宛送付する書面には、概要次のような内容を記載します。

・滞納している報酬金額および今回の申告料を請求する旨

・○月○日までに全額が入金されない時は、期限の経過をもって顧問契約を解除または解約すること

・その場合、決算申告も行わないこと

・期限後申告になった際の不利益説明

以上を書留で送付するのがよろしいかと思います。

参考までに債務不履行解除をする場合の書面の記載例を掲載します。

通 知 書

当職は、貴社との間で、○年○月○日付け「税務顧問契約書」（以下、「本契約書」と言います。）を締結しております。

貴社は、本契約書に基づく税務顧問料について、○年○月分より○年○月分までの合計金○○円（消費税込み）を滞納しております。

そこで、当職は、貴社に対し、上記○○円を、○年○月○日までに、後記口座宛振り込んで支払うよう求めます。

もし、上記期日までに全額の支払いがない場合には、上記期日の経過をもって本契約を債務不履行により解除し、貴社の計算書類、税務申告書の作成、税務申告代理行為は行わないとともに、やむを得ず法的手続に移行することを念のため申し添えます。

なお、貴社が申告期限までに申告をしない場合には、無申告加算税、延滞税、重加算税等の不利益が生じますので、ご留意ください。

（振込口座）
○○銀行○○支店　普通　○○○○○○
○○○○

　　　　　　　　　　　　　　　　　　　　　　　　　　　　　　以上

2-4　破産手続きと顧問契約

【質問】

> 　業績不振が続き破産手続き開始を検討している法人の顧問先があります。
>
> 　破産手続きが開始された場合、顧問税理士である私にどのような責任が生じるのかご教授ください。
>
> 　また、顧問料の滞納があるので契約を解除したいのですが、今期決算をしないことで何か私に責任が発生することはあるでしょうか。

【回答】

　税理士と関与先との顧問契約は、一般的に「委任契約」と理解されています。

　そして、委任契約は、委任者が破産開始決定を受けたときには、当然に終了することとされています（民法653条2号）。

民法第653条
　委任は、次に掲げる事由によって終了する。
　一　委任者又は受任者の死亡
　二　委任者又は受任者が破産手続開始の決定を受けたこと。
　三　受任者が後見開始の審判を受けたこと。

　したがって、顧問先が破産開始決定を受けると、顧問契約は終了することになります。

　その前に、顧問契約を解除するには、契約解消の通知をする必要があります。

　継続的顧問契約を解消するには、「解約」と「債務不履行解除」が考えら

れます。

　解約は、税理士の都合によって、一方的に顧問契約を将来に向かって解消するものです。

　民法651条1項は、「委任は、各当事者がいつでもその解除をすることができる。」と規定していますので、顧問契約をいつでも解約することができます。

　しかし、同条2項は、相手方に不利な時期における解約の場合の損害賠償責任を規定しています。

　たとえば、申告期限が3月末日であるのに、3月20日に突然顧問契約を解約すると、関与先は新しい税理士を探す時間的余裕がなく、そのために期限後申告になった場合には、その損害の賠償責任が発生する可能性があります。

　会計帳簿の作成状況との兼ね合いもありますので、状況に応じて、1か月～2か月程度の余裕をもって解約通知の発送をしたいところです。

　損害賠償の問題を生じさせないためには、債務不履行解除を選択することになります。

　やり方としては、滞納報酬があるということですので、「○月～○月分の報酬金○○円を7日以内にお支払いください。期日までに全額のお支払いがない場合には、同期日の経過をもって顧問契約を解除します。」と通知します。

　その後は、確定申告その他何等の義務を負いません。

　なお、滞納の税金がある件についてですが、税理士のミスによる加算税、延滞税等が発生しているような場合には損害賠償の問題になりますが、単なる顧問先による滞納であれば、税理士が責任を負担することはないと考えます。

2-5　粉飾決算の税理士のリスク

【質問】

　顧問先会社が粉飾決算を行っている場合、税金については、多く納税することとなるので、その粉飾解消の際の税務には留意が必要と理解しております。

　一方、その決算書で融資をしている銀行やそれを信用して取引している取引先からの賠償リスクについて税理士はどこまでの懸念があるのでしょうか。

　状況により異なると思いますが、

　1．自計しているため、全く関知していない（事実も知らない）。

　2．自計しているが、粉飾しているということは察している。

　3．自計しているものの、粉飾していることの説明を会社から受けている。

　4．決算作業の中で、粉飾するための決算整理を、会社から連絡をもらって仕訳している。

　といった類型が考えられます。

　なお、顧問契約書は締結しております。

【回答】

　粉飾決算において、第三者から損害賠償を受ける場合の法律構成は、債務不履行ではなく、「不法行為」となります。

　真実に合致しない税務書類を信頼して銀行等が融資等をし、その結果、債権が回収できなくなるという損害を、

　・予見可能であり

　・回避可能である

という場合に、不法行為が成立します。

　予見可能であり、回避可能であるかは、第一次的には契約内容で決まります。

　契約書の中の「業務範囲」や「責任分担規定」を確認することになります。

　業務範囲に該当しない業務については、まず原則として責任を負担しない、となります。

　次に責任分担規定です。

　責任分担規定というのは、どこまでが顧問先の責任において行う作業で、どこからが税理士の責任において行う作業か、を定める規定です。

　税理士が粉飾を依頼されて作業に加担した場合には、契約書に関係なく、税理士は、故意に不法行為を行ったものとして、損害賠償責任を負います。

　問題は、次の3つの場合です。

　1．自計しているため、全く関知していない（事実も知らない）。

　2．自計しているが、粉飾しているということは察している。

　3．自計しているものの、粉飾していることの説明を会社から受けている。

　まず3．から検討します。

　この場合、税理士には、「不適正処理是正義務」がありますので、顧問先に対して、不適正な処理を是正するよう助言指導しなければなりません。

　1．と2．については、同時に検討します。

　自計しており、責任分担規定において、税理士が「会計帳簿の正確性の確認義務を負わない」とされているような場合について検討します。

　この場合には、「原則として」粉飾について責任を負わないのですが、税理士が専門家として業務を行うに際して、粉飾を推測できる事情を知り、または知ることができた場合には、「第三者の損害発生を予見し、かつ、結果回避が可能」とされる場合があり得ます。

　ただし、契約書において、「会計帳簿の正確性の確認義務を負わない」とされているわけですから、契約上、会計帳簿の正確性を確認する業務はできないため、「〇期に比較して、今期の在庫が多少異常値に見えるので、数値が正しいかどうか、ご確認ください」程度の助言以上のことは要求されないものと考えます。

　反対に言うと、契約書で責任分担からはずれていても、「これはおかしい」というような事情があれば、税理士としては、「ご確認ください」と助言する必要があるものと考えます。

　そして、「正しい数値です」と言われたら、あまりの異常値でない限り、税理士としては、その数字を前提に、税務書類を作成しても、損害賠償責任は負わない、と考えます。

　あまりの異常値で、「正しい数値です」という言葉が信用できない場合には、辞任を検討してリスクを回避することを検討されるのがよろしいかと思います。

　なお、損害賠償責任以外にも、懲戒処分の問題もあります。

税理士法第45条
　1　財務大臣は、税理士が、故意に、真正の事実に反して税務代理若しくは税務書類の作成をしたとき、又は第36条の規定に違反する行為をしたときは、2年以内の税理士業務の停止又は税理士業務の禁止の処分をすることができる。
　2　財務大臣は、税理士が、相当の注意を怠り、前項に規定する行為をしたときは、戒告又は2年以内の税理士業務の停止の処分をすることができる。

2-6 顧問先の言うとおりに経費計上して税務調査で否認された場合の税理士の責任

【質問】

> 　顧問先が、スポーツカーを3台、プレジャーボートを1台所有しています。
>
> 　社長は、事業上の業務や接待等で使用しているため、すべて100％経費（減価償却や消費税の仕入税額控除）扱いして欲しいと言っています。
>
> 　私の見解としては、事業の内容から考えて、100％事業とは言えないと考えています。
>
> 　この場合、社長の言うとおりにすべて100％経費計上（減価償却や消費税の仕入税額控除）をし、その部分が税務調査等で否認をされたとき、税理士として懲戒処分の対象となるでしょうか。
>
> 　また、損害賠償リスクについてはどうでしょうか。

【回答】

　まず、本件スポーツカーやプレジャーボートが誰の資産か、を認定する必要があります。

　これらが、社長の個人的趣味により購入したもので、法人の資産ではなく、個人資産である、と認定される可能性を検討することになると思います。

　実際、国税不服審判所平成7年10月12日裁決（TAINS　F0-2-048）は、同様の事案において、次のように判断し、行為計算否認規定（法人税法132条1項）により、モーターボートを個人の資産と認定しました。

　「本件船舶は代表取締役会長個人の用に供する目的をもって購入されたものとみるのが相当であり、その維持管理費用及び減価償却費を損金

の額に算入する行為を容認した場合には法人税の負担を不当に減少さ
せる結果になることは明らかであり、減価償却費を損金の額から減算
したことは相当であり、また、船舶の取得のために支出した金員につ
いては、個人に対し臨時的に経済的利益を供与したことになることか
ら、代表取締役会長に対する賞与と認定した原処分は相当である。」

　検討の結果、法人の事業資産とした場合、社長個人が私的に利用する場
合があるのであれば、当然支払うべき使用料相当額の利益を得ている、と
認定される可能性があります（国税不服審判所平成24年11月1日裁決、TAINS
J89-3-12参照）。

　このように、本件は、後日の税務調査により否認される可能性がある税
務判断ということになります。

　その場合には、①懲戒処分の問題、②税理士損害賠償の問題、の2つが
問題となります。

　懲戒処分については、税理士法45条となります。

税理士法第45条
　1　財務大臣は、税理士が、故意に、真正の事実に反して税務代理若しくは税
　　務書類の作成をしたとき、又は第36条の規定に違反する行為をしたときは、
　　2年以内の税理士業務の停止又は税理士業務の禁止の処分をすることができ
　　る。
　2　財務大臣は、税理士が、相当の注意を怠り、前項に規定する行為をしたと
　　きは、戒告又は2年以内の税理士業務の停止の処分をすることができる。

　一般的な税理士であれば、事業用資産でないことを知り得るような場合
であれば、2項の懲戒事由に該当する可能性があります。

　税理士損害賠償の場合、説明すればよい、というだけでは足りず、不適
正処理是正義務があります。

　したがって、上記の点について説明したメールあるいは書面で証拠を残

すとともに、もし、事実と異なる場合には後日、修正申告や更正により、過少申告加算税、延滞税、重加算税等の不利益がある可能性がある旨説明し、証拠を残すことが必要です。

2-7 会計データを第三者に渡す際に気をつけるべきこと

【質問】

当事務所で入力した会計データを第三者に渡す際に気をつけるべきことをご教示ください。

〔概要〕

私どもの法人顧客がM＆Aを考えています。そして、ある公認会計士事務所にコンサルを依頼しています。

今まで、顧客からの依頼がなかった（提案はしたのですが、別途有料となるため店舗別損益は結構ですとのこと）ので、店舗別の損益表は作成してきませんでした。

コンサル会社は、店舗別の損益を把握したいためか、当事務所が作成した会計データがほしいと、昨日、顧客を通して依頼がありました。

会計データは、公認会計士事務所に販売したいと考えています。

【回答】

本件では、二面関係で法律関係を処理する必要があります。

・先生と顧問先の関係

・先生とコンサル会社の関係

1　先生と顧問先の関係

顧問先の会計データを第三者に提供することになりますので、守秘義務解除に関する顧問先の承諾が必要です。

また、それを販売するとするならば、それについても承諾を得ておいた方が良いでしょう。

なぜなら、顧問先は、先生に対する記帳代行および税務代理業務を行う

限度でしか、会計データを利用する許諾を与えていない、と考えられるためです。

したがって、顧問先との関係では、

・コンサル会社との関係で守秘義務を解除し、会計データを提供することを承諾すること
・会計データの所有権は税理士にあり、会計データを販売することを承諾すること
・コンサル会社による会計データの利用によって顧問先に損害が生じても、税理士への請求は放棄すること

という旨の合意書を締結しておくのがよろしいかと思います。

2 コンサル会社との関係

1を前提としてですが、コンサル会社との間でも、契約書を締結することをおすすめします。

内容としては、

・会計データの所有権が税理士にあること
・会計データの内容に関する真実性は保証しないこと（契約不適合責任を免除すること）
・会計データに関する質問は受け付けないこと
・会計データの利用についてコンサル会社及び顧問先に損害が生じても、税理士への請求は放棄すること

などの内容になるかと思います。

【補足】

会計データの所有権が争われたものに、東京地裁平成25年9月6日判決があります。

この事件は、税理士が、元顧問先に対し、税理士顧問契約に基づく報酬

請求として、43万7,940円を請求し、顧問先が反訴として、税理士が保有する会計データ（電子データ）を引き渡さなかったことが債務不履行だと主張し、143万4,416円の損害賠償その他の請求をした、というものです。

契約における業務内容は、次のようになっていました。

・法人税、事業税、住民税及び消費税の税務代理及び税務書類の作成業務
・税務相談
・総勘定元帳（調査時の出力）並びに決算
・会計処理に関する指導及び相談
・上記項目以外の業務については別途協議する。

本件では、次のような事情がありました。

(1)　税理士は、平成18年9月ころ以降、毎月10日前後に前月分の月次処理に必要な資料を依頼者から受領した上、その内容を税理士が保有する会計ソフト（弥生会計）に入力して前月次の試算表を作成し、出力の上、依頼者に送付していた。

(2)　依頼者は、顧問契約を解除し、会計データ（弥生会計）を引き渡すよう求めた。

(3)　税理士は、依頼者に対し、データ出力した総勘定元帳1,366枚を送付した。

争点は、本件は、弥生会計に入力された会計データそのものを依頼者に引き渡す義務があるのかどうか、という点です。

裁判所は、顧問契約においては、税務調査等において必要が生じたときには、会計データを出力することが予定されていたこと、税理士は自分の業務として、自分の保有する会計ソフトを利用して入力していたこと、本件税理士も会計ソフトを共有していない場合は、出力した総勘定元帳を送るが、会計データの引渡し義務はないと供述していること、などから、税理士が保存していた会計データの所有権は税理士に帰属すると判断し、会

計データの引渡義務はない、と判断しました。

2-8　申告期限後に受任する場合の注意点

【質問】

　　法人から、法人税の申告期限を過ぎてから、決算書・申告書作成および提出の依頼の相談を受けました。

　　法人税の申告期限を過ぎてから受任する場合、契約書に何か追記をした方がよろしいでしょうか。

　　今回は、直近の1期分のみの申告の依頼を受けています。

　　今まで一度も申告をしたことがなく、今回申告書を提出した後で税務調査が来る可能性は高いと思います。

　　消費税の納税義務についても、過去の会計帳簿がないため、おそらく免税事業者であろう、ということしかわかりません。

　　過去の会計帳簿がないため、今回作成する決算書・申告書は、会計上、税務上、正確なものは作成できないと思われます。

　　どのように対応したら、よろしいでしょうか。

【回答】

　業務範囲を明確にし、将来の不利益告知をしておく必要があります。

　そして、それを証拠に残します。

　具体的には、契約書の特記事項に記載するか、あるいは別書面で残して記名押印を得ることになります。

　記載例は、以下のような内容です。

　この他にも思いつくことを記載しておくのがよいと思います。

⑴　委任業務は、法人税に関するものに限り、消費税に関しては、委任業務の対象外となります。

⑵　委任業務は、申告期限後の第○期事業年度分に関する期限後申告と

なります。

(3) 過去の事業年度および本件期限後申告について、無申告加算税、延滞税、重加算税その他の不利益が生ずる可能性があります。

(4) 委任業務は、現在存在する不十分な資料のみをもとに会計帳簿を作成し、取り急ぎ期限後申告をすることを目的とするものであり、申告後、甲において改めて精査の上、修正申告や更正を検討するようにしてください。

(5) 甲が提出した資料が不十分であることを原因として甲に損害が発生した場合には、乙には一切の損害賠償その他の請求をしないこととします。

2-9　メールで取り交わす契約の注意点

【質問】

　税務顧問契約書を文書に代えて、メールで取り交わすことについて、質問をさせてください。

　通常は、顧問契約書は印刷・製本して、当事者双方が押印しております。

　ただ面倒な場合は、契約書の文面をメール本文で送信し、同意の旨を返信いただくことで、文書の契約書に代えることは問題ないでしょうか。

　メール文でも契約は成立すると考えておりますが、委任契約や請負契約で、何か特殊性があるのか気になりました。

【回答】

　口頭でも契約は成立しますので、メールでも契約を成立させることは可能です。

　しかし、書類の場合と比較して、契約条項のすべてに同意しているかどうか、について争いになりやすい面は否めません。

　書類の場合、押印された印鑑が依頼者のものであれば、法律上、二段の推定が働きます。

　（一段目の推定）

　私文書に本人の印鑑による押印があるときは、本人の意思に基づき押印されたものであると事実上推定されます（最高裁判決）。

　（二段目の推定）、

　私文書に本人の押印があるときは、「押印が本人の意思に基づいているとき」と解釈されて、文書の真正が法律上推定されます（民事訴訟法228条4

項)。

民事訴訟法第228条

1　文書は、その成立が真正であることを証明しなければならない。

2　文書は、その方式及び趣旨により公務員が職務上作成したものと認めるべきときは、真正に成立した公文書と推定する。

3　公文書の成立の真否について疑いがあるときは、裁判所は、職権で、当該官庁又は公署に照会をすることができる。

4　私文書は、本人又はその代理人の署名又は押印があるときは、真正に成立したものと推定する。

5　第2項及び第3項の規定は、外国の官庁又は公署の作成に係るものと認めるべき文書について準用する。

　したがって、書類による契約書の場合には、その契約書どおりの効力が認められやすくなっています。

　メールには、この二段の推定が働きませんので、税理士において、依頼者がすべての契約条項に同意したことを立証する必要があります。

　したがって、メールのやりとりで単に「承諾した」だけでは争いになりやすく、

・すべての契約条項を読んで確認した

・すべての契約条項が税理士と当社との契約関係に

・本日より適用されることを

・権限ある代表者が承諾した

というところまで確認しておくことをおすすめします。

　そして、可能であるならば、契約条項をプリントアウトした上で、「○月○日付けでメールにてご契約いただきました契約内容をお送りいたします。」と、書留等で送付しておくことをおすすめします。

2-10 別税理士による当初申告の誤りに関する損害賠償責任

【質問】

相続税の広大地の評価に基づく更正の請求について、依頼を受けました。

別の税理士が行った当初申告を精査したところ、土地の評価を過少申告していることを発見しました。

このまま広大地の評価に基づく更正の請求のみを行った場合、後日の税務調査により過少申告が判明し、多額の追加納税が生ずる可能性があります。

この場合、私に損害賠償リスク等はあるでしょうか。

【回答】

責任論の前に、まず依頼者の損害額についてです。

後日納税する本税については、本来納付する税額になりますので、損害にはなりません。

損害賠償の対象となるのは、過少申告加算税、延滞税となります（仮装隠ぺいがあれば重加算税）。

当初申告をした税理士が過少申告をしたことについて、注意義務違反があれば、損害賠償責任を負担します。

先生について損害賠償責任が生ずるかどうかは、まず受任範囲が問題となります。

契約書で更正の請求が委任範囲とされていると思いますが、更正の請求業務を行う過程で、当初申告について過少申告があることに気づくべきものであった場合には、税理士に助言義務が生じると考えます。

受任範囲については、修正申告は受任していないので、修正申告をする

義務まではありません。

　しかし、更正の請求業務を行うことに付随する義務として、過少申告部分を指摘し、修正申告をすべきこと、また、修正申告をしない場合には、後日の税務調査により、過少申告加算税、延滞税（仮装隠ぺいがあれば重加算税）の不利益が生ずることを助言し、それを証拠化しておくことをおすすめします。

　そうでなければ、修正申告の時期を失したとして、損害賠償責任が発生する可能性があります。

　また、可能であれば、「○○の指摘を受けたが、私の判断で今回は貴職に修正申告は依頼しないこととします」や「この結果、将来私に損害が生じても、貴職には損害賠償その他一切の請求をしないこととします」などの確認書を得ておけば、なお良いと思います。

2-11　税理士に責任が生じるタイミング

【質問】

現在、当事務所での契約業務の流れは次のようになっています。

お問合せ⇒面談⇒見積もり⇒受注⇒契約書作成

1．お問合せから面談の中で税務の相談を受けることもあります。

　　お問合せの段階では面談しないとお答えできないとお断りしていますが、面談時にはできるだけお答えするようにしています。

　　その際の回答については税賠の対象になりますか。

　　見積もり後、契約にいたらないケースもありますがいかがでしょうか。

2．口頭で受注を受けたものの契約書の押印と回収が遅れるケースがあります。

　　この場合、契約書締結前に税務相談を受けることがありますが、その際の回答については税賠の対象になりますか。

【回答】

1．について

　具体的な事案ごとの判断になるため、一概には判断できません。

　質問の内容にもよってきますし、提供される情報の量にもよってきます。

　面談時の質疑応答は、

・短時間、かつ、

・十分な資料や説明なしに

・税理士においても十分な検討ができない

という状況のもとで行われるものですので、要求される注意義務の程度は、低くなると思われます。

　しかし、十分な情報が与えられ、税理士が明確な回答をし、相談者がその回答に基づいて税務処理をすることが予想され、かつ、実際に行った場合において、税理士の回答に誤りがあったような場合には、損害賠償の対象になり得るものと考えます。

　あくまで一般的な説明であり、個別の事案での相談については、契約成立後、資料を検討した上で行うことになる旨、留保をつけておくことをおすすめしたいと思います。

２．について

　見積書に記載した「ご契約いただいてからの業務開始」の解釈としては、「税理士は、契約締結前において税務相談や業務依頼を受けても行わないことができる」という趣旨だと考えられます。

　税理士が税務相談に応じた以上、税理士として善管注意義務に基づき、回答することが求められます。

　１．と同様の注意が要請されます。

2-12　メールでの契約締結における証明力

【質問】

> ワードで作成した契約書をプリントアウトし、それに契約当事者が実印をもって捺印し、それをPDFファイルに変換し、メールにてやり取りする場合の、契約の効力および裁判上における契約締結の証明力について教えてください（そもそもメールでの契約の締結は可能なのでしょうか）。
>
> この場合、紛争に至った場合の証明力に差はあるでしょうか。

【回答】

　まず、契約は、口頭でも成立しますので、メールのやり取りにより、契約を成立させることは可能です。

　しかし、契約書原本を交換せず、PDFファイルの交換のみで完了させる場合には、後日裁判において、「原本の交換をしてはじめて契約成立だと考えていた。内容に十分納得していないので、原本は渡していない」などと主張されることがあります（実際にこのような主張がなされることはよくあります）。

　したがって、取り急ぎPDFファイルの交換で業務を開始するにしても、その後、原本の交換をすることをおすすめしたいと思います。

　なお、PDFファイルの交換のみで契約終了としたい場合には、前述の抗弁リスクを低くするため、契約書の最後に、「本契約書は、原本の交換を行わないこととし、甲乙双方が記名押印した契約書の電磁的記録を乙が電子メールにて受領した時点で本契約書の内容で契約が成立するものとする。」と記載する方法があります。

　最後の部分は、「乙から甲に電子メールで送信した時点で本契約書の内容

で契約が成立するものとする。」とすることもできます。

　ただ、顧問契約などの継続業務については、実際にやりとりをしながら業務を行っているので、「契約が成立していない」という抗弁は成立しにくいでしょう。争いになるとしたら、契約の内容になると思います。

　つまり、「委任契約は成立しているが、この契約書の内容には納得していない」というような争いです。

　次に、紛争になった場合の証明力についてですが、裁判所には、まだ書類の原本信仰が根強くありますので、PDFの場合、原本よりも証明力が低くなるのは否定できません。

　その意味でも、PDFの交換で業務を開始するとしても、その後原本の交換をすることをおすすめしたいと思います。

2-13　粉飾決算における役員の責任と損害賠償

【質問】

　当事務所の顧問先に関するご相談です。

　非上場企業の中小企業ですが、過去からの多額の粉飾決算の事実が発覚し、破産をすることとなりました。

　それに伴い、金融機関各行から役員個人の責任追及をされることになりました。

　粉飾決算に関与していた役員は、代表取締役のみです。

　他の役員である専務取締役、取締役および監査役は、粉飾への関与は全くなく、粉飾していた事実すら全く知りませんでした。

　決算書については、代表者のみが保有していたため、他の役員は見ることができなかったようです。この場合において、粉飾に関わっていない取締役に対して民事上の責任を追及され、損害賠償しなければならないようになるでしょうか。

【回答】

1　役員の責任

　取締役、監査役は、その職務を行うについて悪意または重過失があったときは、これによって第三者に生じた損害を賠償する責任を負います（会社法429条1項）。

　責任を負うための要件は、

① 　役員等が株式会社に対する任務を懈怠したこと

② 　役員等に悪意または重過失があること

③ 　第三者に損害が生じたこと

④ 　損害と任務懈怠との間に相当因果関係があること

です。

　全員に共通することとして、④において、銀行が粉飾決算がなかったならば融資をしなかったり、借換えに応じなかった、あるいは粉飾決算を知っていたら、もっと早期に債権回収に入って多くを回収できた、というような事情が必要です。

　それが認められる場合は、代表取締役は損害賠償責任を負担することになるでしょう。

　他の専務取締役、取締役および監査役は、粉飾への関与は全くなく、粉飾していた事実すら全く知らず、決算書も持っていない、といういうことですが、正規の手続きで役員に就任したのであれば、会社法上、取締役の職務執行に対する監視義務があり、かつ、決算承認に関与しているはずなので、それら義務を怠ったことには重過失がある、と認定される可能性が高いでしょう。

　しかし、下級審裁判例では、名目的取締役は会社経営に対する影響力はないため、代表取締役等の違法な業務執行を止めようとしたとしてもそれができたとは認められない、として、名目的取締役の任務懈怠と第三者の損害との相当因果関係を否定したものもあります（東京高裁昭和57年3月31日判決）。

　したがって、名目的役員の場合は、責任が否定される可能性もあります。

　また、粉飾決算の場合は、会社は税金を払いすぎていることになり、損害が生じています。

　この場合、更正の請求が可能な部分については、損害を回復することができますが、更正の請求期間を経過してしまっている場合には、その部分について会社に損害が生じていることになり、会社から損害賠償請求、または、株主代表訴訟を提起される可能性があります。

　さらに、粉飾決算により、分配可能額が過大となり、分配可能額を超えて配当をしている場合には、違法配当の責任も生じます。

2　税理士の責任

　税理士としての善管注意義務として、その粉飾を見抜くことができたかどうか、もあわせて問われることがあります。

　この点については、まず、税理士と顧問先の契約における業務範囲が、顧問契約だけか、法人税申告書の作成・申告代理も行っていたか、あるいは、記帳代行業務も行っていたか、が問題となります。

　そして、その業務を行う過程で、税理士であれば、粉飾を見抜くことが可能であり、かつ、それを防止することができたか、などが問われることになります。

　税理士が粉飾を見抜くことが可能であり、かつ、粉飾を防止することが可能である場合であって、粉飾を防止しないと金融機関等が損害を被ることを予想できたような場合には、税理士に損害賠償責任が発生する可能性があるでしょう。

2-14　申告期限間際の解約と税賠リスク

【質問】

　申告期限間際の解約に係る下記の点につきまして教えていただけますでしょうか。

1．申告期限間際にクライアントから脱税を強要され、（脱税の強要を理由として）税理士側から契約を解消した場合、クライアントから期限後申告となったことにより発生した加算税や延滞税等について損害賠償を受けるリスクはありますでしょうか（解約の理由が脱税の強要であれば損害賠償を受けるリスクはないでしょうか）。

2．（脱税の強要とまではいかず）決算に係る質問に対しての回答不備や資料の不備等により、今後、適正な決算申告業務をできないと判断し、申告期限間際に税理士側から契約を解消した場合、損害賠償を受けるリスクはありますでしょうか。

3．申告期限間際の解約の理由が税理士の都合である場合、その解約によりクライアントに生ずる損害（解約した税理士側が損害賠償されるもの）とはどのようなものが考えられるでしょうか。

4．期限内の申告業務を論点とした場合、一般的にクライアントに不利益が生じ得る解約の時期とは、申告期限の何日前以降でしょうか。

【回答】

1．について

　まず、税理士とクライアントとの契約類型ですが、最高裁昭和58年9月20日判決は、「本件税理士顧問契約は、…全体として一個の委任契約である」としています。

　そして、委任契約については、民法651条が、次のように規定していま
す。

　「１　委任は、各当事者がいつでもその解除をすることができる。」

　したがって、申告期限間際に税理士が委任契約を一方的に解約すること
は、民法651条によって可能です。

　しかし、その解約がクライアントに不利な時期であり、クライアントに
損害が発生した場合には、民法651条２項により、損害賠償責任を負担しま
す。

　ただし、その解約について、「やむを得ない事由があったとき」は、損害
賠償責任は発生しません。

　そこで、やむを得ない事由があったかどうかを検討します。

　税理士法36条は、「税理士は、不正に国税若しくは地方税の賦課若しくは
徴収を免れ、又は不正に国税若しくは地方税の還付を受けることにつき、
指示をし、相談に応じ、その他これらに類似する行為をしてはならない。」
と規定しています。

　この規定により、税理士は、脱税に加担する申告代理行為をすることは
禁止されています。

　クライアントから脱税を強要された場合には、この規定によって、当該
申告代理行為をすることができないことになりますので、民法651条２項但
書の「やむを得ない事由」に該当し、損害賠償責任を負担することはない
と考えます。

　ただし、以下の立証資料が必要です。

　・脱税を強要されたこと

　・税理士がそれを拒否し、適法な申告をすべきことを助言指導したこと

　また、クライアントが税理士の助言指導にもかかわらず、脱税をし、後
日の税務調査で過少申告加算税、延滞税、重加算税等を科せられた場合に、
「税理士から、そのような不利益があるとは指導されていなかった。こんな

ことになるなら、適正な税務申告をしていた」などという理由で、損害賠償請求をされる可能性があります。

　そこで、「脱税に伴う不利益」を説明し、その説明したことを書面等で証拠化しておくことをおすすめします。

2．について

　これは、質問内容、説明内容、そしてクライアントからの回答や資料不備の程度、申告期限までの時間的余裕など、総合的な事情によりますので、一概に回答はできません。総合的に考えて「やむを得ない」と評価されるかどうかの問題となります。

3．について

　申告期限間際の解約であっても、クライアントが他の税理士と契約をして期限内申告ができた場合には、損害は発生しません。

　損害賠償責任が発生するのは、期限後申告になった場合です。

　損害は具体的損害なので、すべて網羅できませんが、一般的には、次のような損害が考えられます。

・連続二期であれば青色申告取消しに伴う損害
・無申告加算税、延滞税などの損害
・期限内申告であることが適用条件となっている制度が不適用になることにより発生する損害（たとえば、所得税では青色申告特別控除、純損失の繰越控除など）

4．について

　この点も一概には言えません。当該クライアントの申告の資料準備状況、申告書作成にかかる業務量、その前のやりとりの状況などによります。

　私が相談を受ける際は、1か月前には解約通知を発送できるように準備

しましょう、と助言しています。

　ここでの準備というのは、以下のような証拠作りのことです。

・税理士が何度も資料請求をしていること

・クライアントが回答拒否、資料提出拒否等をしている事実

・税理士が、当該資料がないと申告書を作成できない旨を説明していること、また資料提出がない場合には、辞任せざるを得ない旨通告をしていること

・過少な申告をした場合の不利益、また、期限後申告をした場合の不利益を説明し、さらに資料請求をしたこと

・最終的に期限を切って資料請求をし、期限徒過の場合は辞任する旨通告したこと

　以上の事実を立証できる準備を整えた上で、解約することになるかと思います。

2-15　他の税理士に払った報酬の支払義務

【質問】

　相続税の申告で複雑な土地の評価を過大にして申告してしまいました。

　申告後、依頼者が他の税理士に再評価を依頼され、評価が過大であることを指摘され更正の請求をされました。

　この場合、税賠の対象になるでしょうか。

　また、その際に支払った他の税理士の報酬について、当事務所に請求がありましたが、支払義務はあるでしょうか。

　相続税の申告にあたって依頼者となんら契約書は結んでおりません。

　委任状のみで申告しています。

【回答】

　まず、過大申告したことについて、注意義務違反があるかどうかが問われます。

　税務の専門家として要求される注意義務に違反したかどうか、ということです。

　税務の専門家として要求される注意はしたけれども、さらに専門的に調べると、他にもっと有利な方法があった、ということであれば、注意義務違反はない、という結果になることもあり得ます。

　以下は、注意義務違反があった前提で進めていきます。

　税理士損害賠償では、被告となる税理士に支払った報酬の返還請求がされる場合、後任税理士に支払った報酬が損害であるとして損害賠償請求される場合があります。

　被告となる税理士に支払った報酬は、過大な場合は別として、税理士の

職務に対する対価であり、業務を完了しているのであれば、否定される傾向にあります。

　後任税理士に支払った報酬は、納税者が新たな職務を後任税理士に依頼したために発生した職務の対価であり、損害ではないとされれば否定され、相当因果関係があるとされれば、肯定されます。

【補足】

　税理士として、どこまで調査すれば、善管注意義務を果たしたといえるか、について、参考となる裁判例として、那覇地裁沖縄支部平成23年10月19日判決があります。

　この事案は、税理士が相続税申告業務を受任し、相続財産について調査をし、相続税申告書を作成、提出しました。

　税理士は、Aが所有権を取得したものとして相続税申告書を作成、提出しましたが、じつは、Bに所有権がある不動産でありました。

　そこで、Aは、相続していない土地についても相続税を納付して損害を被ったとして、税理士に対して損害賠償請求をした、というものです。

　裁判所は、次のように判断し、税理士は注意義務を尽くしており、損害賠償責任はない、と判断しました。

・税理士Yは、本件土地の所有名義人がBであることを確認したことから、訴外乙の相続人らに事情を尋ねたところ、訴外乙が本件土地を所有していた旨の回答を得たばかりか、Aから、自分が本件土地を相続したと主張されたものである。

・税理士Yが、税務の観点に立って、相続税を負担することになるにもかかわらず相続による取得を主張する者の供述に信用性を認めたことには、合理性が認められる。

・そして、Yは、本件協議書の内容や本件土地の利用状況も調査し、上記供述の裏付けを得ている。税理士は、税務の専門家であって、法律

の専門家ではないから、ある財産を遺産に含めて相続税の課税対象として処理する場合に、所有権の移転原因を厳密に調査する義務があるとまではいえず、税務署が納税行為の適正を判断する際に先代名義の不動産の有無を考慮している現状にも照らせば、Ｙが本件土地に関する調査義務に違反したということはできない。

2-16　反社条項による契約の解除に関する判断

【質問】

　新規顧問先（顧問契約締結済み：反社条項あり）に関し、反社の疑念が発生しました。

　契約締結前は、ビジネスマンのような格好だったのですが、契約締結後に顧問先事務所に訪問した際には、反社を疑わせる格好であり、他に出入りしている人たちも反社を疑わせる風貌でした。

　そこで、過去の新聞で代表取締役を調べたところ、過去に指定暴力団として逮捕歴があるようでした。

　反社条項は、以下のとおりです。

　1　甲及び乙は、それぞれ相手方に対し、次の各号の事項を確約する。

　　一　自らが、暴力団、暴力団員、暴力団関係企業、総会屋、社会運動標榜ゴロ、特殊知能暴力集団若しくはこれらに準ずる者又はその構成員（以下、「反社会的勢力」という）ではないこと。

　　二　自らの役員（業務を執行する社員、取締役、執行役又はこれらに準ずる者をいう）が反社会的勢力ではないこと。

　　三　反社会的勢力に自己の名義を利用させ、本契約を締結するものでないこと。

　2　甲又は乙の一方について、本契約の有効期間内に、前項の次のいずれかに該当した場合には、その相手方は、何らの催告を要せずして、本契約を解除することができる。

　この反社条項の確約違反として解約が可能でしょうか。

【回答】

　反社条項は、暴力団排除条例で要求されているので、必ず契約書には入れていると思います。しかし、実際に発動するのは、他の条項では契約解除あるいは契約解約ができない場合にするのが無難です。なぜなら、反社条項を理由として契約を解除すると、トラブルになりやすいためです。

　たとえば、「その情報と自分は別人だ。名誉毀損ではないか」などとクレームに発展します。本人確認は、住所、氏名、生年月日等で行うことになりますが、ニュース記事で判明するのは、氏名と年齢くらいだと思います。

　そこで、ニュース記事とは別人である、ということがあり得ることになります。そうなった場合には、紛争に発展することになります。

　あるいは、仮に同一人物であっても、「その刑事事件は過去のものであり、現在は反社ではない」などと反論してくることが想定されます。そうなった場合も立証には困難が予想されます。

　したがって、契約書に中途解約条項があればそれを使い、それがなくても、法律上委任契約は委任者からも受任者からも解約可能ですので、それを理由に解約する、ということになるかと思います。

　ただし、申告期限間近の場合には、損害賠償に発展する可能性があるので、その場合には要注意です。

　いずれにしても、書面で後日証拠にできるように、解約通知を送付することをおすすめします。

　クレームが予想される場合には、解約通知の段階から弁護士に依頼する、ということを検討してもよろしいかと思います。

2-17　相続財産評価額の説明義務

【質問】

　　以下の件について、ご意見お聞かせください。

　　私は兄の会社の顧問税理士をしていますが、今回相談の相続には関与していません。

　　相続は別の税理士が関与しています。

１．事実関係

(1)　兄弟間（2名）で遺産分割について裁判になっている。

(2)　2人で均等に分ける合意をし、遺産分割が確定（3年前）。

(3)　遺産は、土地建物と現金預金

(4)　兄は土地建物を相続、弟は現金預金のみ相続

　　原因は、土地建物の時価と相続税評価額の乖離。つまり兄は実際より低い価額で評価された財産を相続し、結果的に自分（弟）は、相続した現金預金が少なかった、というものです。

２．質問事項

　　こうした争いを実際に目にすると、申告にあたっての評価額について、どこまで税理士として説明する義務があるのかと心配しています。ケースバイケースとは思いますが、先生のご意見をお聞かせください。遺産分割協議に税理士が関わってよいかという問題もありますが。

【回答】

　　まず、税理士が遺産分割協議を指導していないことを前提として回答したいと思います。

　　相続税申告業務において、税理士が相続税評価額をどの程度説明すべき

かについてですが、「財産評価基本通達」に従った評価をしているのであれ
ば、「財産評価基本通達に従って評価した」と説明すれば、特段の事情がな
い限り、説明責任を果たしたものと考えます。

　名古屋地裁平成16年8月30日判決は、「通達の内容が法令の趣旨に沿った
合理的なものである限り、これに従った課税庁の処分は、一応適法なもの
であるとの推定を受ける」としています。

　したがって、税理士が通達に従って評価したのであれば、過失を認定さ
れにくい、ということになります。

　しかし、通達によらない評価をするのであれば、否認の可能性の説明と、
評価が適正であることの立証資料を整えておく必要が生じるものと考えま
す。

　通達によらない評価をして、後日、税務調査で否認され、損害を被った
として税理士が損害賠償請求された事案において、千葉地裁平成9年12月
24日判決は、税理士が後日税務署に否認される可能性について認識してい
たものの、依頼者が不動産について精通する者であると考えていたことか
ら、否認される可能性について説明せず、時価を証明するため不動産鑑定
士による鑑定書の作成を助言しなかった、という点を捉えて、税理士の損
害賠償責任を認めています。

　以上に対し、税理士が遺産分割協議に関与している場合について説明し
ます。

　まず、税理士が遺産分割協議に関与することが適法かどうかについては、
遺産をどのように分割するかにより税額に影響を与えることから、税務上
の助言をするために協議に関与することは当然に適法です。

　しかし、紛争の発生が予想される状態（相続人間で取り分に争いが生じた
ような場合）に、その仲裁等に入ることは弁護士法72条違反となりかねま
せんので、そうなった場合には関与しない方が良いでしょう。

　次に、相続人から、各相続財産の評価額について相談を受けた場合です

が、この場合には、遺産分割における相続財産の評価額と相続税評価における評価額は異なること、相続税評価は行うが、遺産分割における時価評価は業務としては関与しないことを説明する必要があるものと考えます。

【補足】

弁護士法72条は、いわゆる「非弁行為」を禁止しています。

「弁護士又は弁護士法人でない者は、報酬を得る目的で訴訟事件、非訟事件及び審査請求、再調査の請求、再審査請求等行政庁に対する不服申立事件その他一般の法律事件に関して鑑定、代理、仲裁若しくは和解その他の法律事務を取り扱い、又はこれらの周旋をすることを業とすることができない。ただし、この法律又は他の法律に別段の定めがある場合は、この限りでない。」

そして、弁護士法77条は、72条の規定に違反したものは2年以下の懲役または300万円以下の罰金に処するとの罰則を定めています。

税理士が、遺産分割に関与するにあたり、報酬を得る目的で法律事務を取り扱ったとされると、刑罰の対象となるということです。

どのような場合に、弁護士法72条違反に該当するかについては、最高裁平成22年7月20日判決があります。

この事例は、賃貸借契約の対象となっている建物の明渡し交渉を行った者につき弁護士法72条違反が問われたものです。

この事案について、最高裁は、「被告人らは、多数の賃借人が存在する本件ビルを解体するため全賃借人の立ち退きの実現を図るという業務を、報酬と立ち退き料等の経費を割合を明示することなく一括して受領し受託したものであるところ、このような業務は、賃貸借契約期間中で、現にそれぞれの業務を行っており、立ち退く意向を有していなかった賃借人らに対し、専ら賃貸人側の都合で、同契約の合意解除と明渡しの実現を図るべく交渉するというものであって、立ち退き合意の成否、立ち退きの時期、立

ち退き料の額をめぐって交渉において解決しなければならない法的紛議が生ずることがほぼ不可避である案件に係るものであったことは明らかであり、弁護士法72条にいう「その他一般の法律事件」に関するものであったというべきである。

　そして、被告人らは、報酬を得る目的で、業として、上記のような事件に関し、賃借人らとの間に生ずる法的紛議を解決するための法律事務の委託を受けて、前記のように賃借人らに不安や不快感を与えるような振る舞いもしながら、これを取り扱ったのであり、被告人らの行為につき弁護士法72条違反の罪の成立を認めた原判断は相当である。」としています。

　行政書士に関する事案ですが、東京地裁平成27年7月30日判決は、「被告は、亡Aの相続手続に関し、将来法的紛議が発生することが予測される状況において書類を作成し、相談に応じて助言指導し、交渉を行ったものといわざるを得ず、かかる被告の業務は、行政書士の業務（行政書士法1条の2第1項）に当たらず、また、弁護士法72条により禁止される一般の法律事件に関する法律事務に当たることが明らかであるから、行政書士が取り扱うことが制限されるものというべきである（同旨、最高裁第1小法廷判決平成22年7月20日、判例時報2093号161頁参照）。」と判示し、弁護士法72条違反を認定しています。

　したがって、法的紛議が生ずる可能性がある遺産分割協議について、税理士が交渉などをすると、弁護士法72条違反となる可能性がありますので、留意したいところです。

第 3 章

税理士法編

3-1　マンション管理会社との契約書における注意点

【質問】

　マンション管理組合（管理会社は入っていません）から帳面をきちんと見てほしいとの依頼がありました。契約書を作る際に注意しておくことがあれば教えてください。

　私が、心配しているのは次の2点です。

　1．何か不正があって、それを見逃して決算を組んでしまった時に区分所有者の方から訴訟を起こされないかということ。

　2．私は公認会計士ではないので、帳簿、税金の指導はできますが監査はできないので、どこまでを契約書に入れておくべきか。

　損害賠償額については、年間顧問料の範囲内の文面は入れておこうとは思っています。

【回答】

　関与先に不正があった場合に、税理士が不正発見義務違反を問われるケースがあります。

　判例では、東京地裁平成25年1月22日判決（判例タイムズ1413号373頁）は、9期にわたり合計約3億円の過大利益の計上をする不正経理をしていたことを見逃したことについて、原始資料の確認義務違反が問われた事例があります。

　結論としては、税理士は勝訴しています。

　裁判所は、税理士と依頼者との契約における業務範囲について、原始資料から仕訳を行う業務や依頼者が作成した仕訳伝票を原始資料に基づきチェックする業務までは含まれない、として、原始資料の確認義務を認めませんでした。

　しかし今回、帳簿をよく見てほしい、という依頼があった、ということは、会計帳簿作成についての助言指導が業務範囲に含まれることになりますので、提出された帳簿に税理士の観点から不審点があれば、それを指摘し、調査是正を指導する義務が生じるものと思われます。

　そこで、契約書作成においては、

・業務範囲の明確化

・責任分担の明確化

が大切だと思われます。

1　業務範囲の明確化

業務範囲を記載した後、次の文言を記載しておくことをおすすめします。

　「※　業務監査及び会計監査に関する業務、不正に関する調査業務は委任業務の対象外とします。」

2　責任分担の明確化

次のような条文を挿入しておくことをおすすめします。

　「1．会計帳簿は、甲（依頼者）が作成することとし、乙（税理士）は、税務的観点からの記帳方法は指導するが、原始資料を確認する義務、不正を発見する義務、会計帳簿が事実に基づき正確に作成されていることの確認義務は負わないものとする。

　　2．乙は、甲が作成した会計帳簿を前提として委任業務を行えば足りるものとする。」

3-2　異なる階で事務所を開設すると、複数事務所か

【質問】

税理士事務所が存するビルに、異なる階に新たに部屋を借り、増床しようと考えています。その部屋には税理士事務所の所属税理士および従業員が常駐することになります。

この場合、複数事務所として懲戒の対象になるのでしょうか。

【回答】

税理士法40条 3 項は、「税理士は、税理士事務所を二以上設けてはならない。」と規定しています。

そして、税理士法基本通達40-1は、「法第40条に規定する「事務所」とは、継続的に税理士業務を執行する場所をいい、継続的に税理士業務を執行する場所であるかどうかは、外部に対する表示の有無、設備の状況、使用人の有無等の客観的事実によって判定するものとする。」と規定しています。

判断基準の例示として、

（1）　外部に対する表示の有無

（2）　設備の状況

（3）　使用人の有無

が挙げられていますが、これらに限定されません。

この規定の趣旨は、

①　税理士の業務活動の本拠としてこれを 1 箇所に限定することが法律関係を明確にする上で便宜であること

②　個人の監督能力を超えて業務の範囲を拡大することを事務所の面から規制し、これにより税理士以外の者が税理士業務を営むことを防止

　　すること

とされています（『新税理士法五訂版』日本税理士会連合会編、170頁）。

　そして、この規定に違反した場合には懲戒処分の対象となりますので、この規定に違反したかどうかは、最終的には懲戒処分を争う処分取消訴訟の中で、裁判所により判断されることになります。

　そこで、裁判所の判断傾向ですが、このような「1事務所」と言えるかどうかについては、「社会通念」に従って判断する、というのが裁判所の判断傾向です。

　とするならば、同一のビルの複数階にまたがる事務所であったとしても、たとえば、

　①　ビルの玄関表札に「1階○○税理士法人（受付）　2階○○税理士法人」などと、表示上一体の税理士法人であると認識できる

　②　代表番号が1つであり、内線でつながっている

　③　名刺、ホームページ、封筒などでも、「1階、2階」などと併記されている

　④　新たに設けた階のみでは税理士業務を独立して行うことができない

　　　（執務室のみで会議室がない、あるいは会議室のみで執務室がない）

などの場合には、社会通念上、「1事務所」として支店登記は不要と考えます。

　なお、1階、2階のように連階の場合には1事務所と判断されやすいですが、1階と9階など階が離れている場合には、「社員が常駐せず会議室のみとする」など、他の一体性の要素を強めておく必要があるかと思います。

　なお、税理士が自宅で仕事をすることがあると思いますが、外部に税理士事務所として表示されておらず、設備も使用人もいないのですから、当然、社会通念上、自宅は事務所にはならない、という判断になると思われます。

3-3　顧問税理士が一般社団法人の監事を兼任できるか

【質問】

税理士が会計と税務の顧問をしている一般社団法人の監事就任は可能ですか。

また、監事に就任する場合は会計と税務の顧問を解約しなければいけないのでしょうか。

【回答】

一般社団法人法99条は、「監事は、理事の職務の執行を監査する。」とされています。

顧問税理士が一般社団法人の監事を兼任することができるかどうかは、顧問税理士の職務が監事の職務の障害となるか、利害相反するか、という観点から考えることになると思います。

ところで、会社法381条1項は、「監査役は、取締役（会計参与設置会社にあっては、取締役及び会計参与）の職務の執行を監査する。」とされており、一般社団法人の監事と同様の職務とされています。

したがって、顧問税理士が一般社団法人の監事を兼任できるかについては、顧問税理士が株式会社の監査役を兼任できるか、についての議論とパラレルに考えることができると思います。

この点、会社法では、監査役は、会社の取締役・使用人・会計参与または子会社の取締役・執行役・使用人・会計参与を兼ねることができません（会社法333条3項1号、335条2項）。

顧問税理士は兼任禁止に規定されていません。

「望ましくない」と言われることはありますが、法律上は、顧問税理士が監査役を兼任することは可能とされています。

　一般社団法人においても同様と考えられますので、顧問税理士が監事を兼任することは可能、という結論になるかと思います。

3-4 他の税理士への業務委託と損害賠償請求リスク

【質問】

　下記のようなケースの場合、税理士法に抵触する可能性があるでしょうか。

　また、A税理士がX社から損害賠償を請求された場合、B税理士にも責任が及ぶかどうか、2点について教えてください。

　1．X社とA税理士は税務顧問契約を締結している。

　2．A税理士とB税理士は業務委託契約を締結している。

　3．B税理士への委託内容は、B税理士がX社へ訪問し毎月の試算表の作成、決算書、税務申告書の作成である。

　4．A税理士が内容をチェックし、最終的には税務申告書は、A税理士の指示により、A税理士の税務判断により修正し完成させ、A税理士が電子申告を行っている。

【回答】

　A税理士がB税理士に税理士業務を外注することは可能です。

　ただし、依頼者から守秘義務を解除していただく必要があります。

　また、税理士業務を受任しているのは、あくまでA税理士なので、税理士業務をB税理士に再委託することの同意をいただく必要もあります。

　契約書で再委託可能となっている場合には、守秘義務の解除を含むと解釈できると思います。

　次に、税理士法33条2項は、「税理士又は税理士法人が税務書類の作成をしたときは、当該税務書類の作成に係る税理士は、当該書類に署名押印しなければならない。」と規定しています。

　そして、税務書類の作成は、税理士法基本通達で、「2-5　法第2条第1

項第2号に規定する「作成する」とは、同号に規定する書類を自己の判断に基づいて作成することをいい、単なる代書は含まれないものとする。」とされています。

したがって、最終的にA税理士の判断に基づいて作成されている、と評価できるのであれば、税理士法違反にはならない、と考えます。

最後に、A税理士がX社から損害賠償請求をされた場合ですが、それがB税理士の故意過失に基づく損害である場合には、損害賠償請求されたA税理士から、損害賠償請求をされる可能性があります。

そうでない場合には、B税理士とX社との間には契約がないので債務不履行が観念できず、X社が依頼しているのはA税理士であり、税務書類の作成はA税理士が作成している、ということですので、不法行為も成立しにくいと考えます。

【補足】

税理士に対する損害賠償請求の法律構成には、①債務不履行に基づく請求と、②不法行為に基づく請求があります。

債務不履行に基づく請求は、契約に基づく請求となりますので、依頼者との契約関係があることが前提となります。

これに対し、不法行為に基づく請求は、①契約関係がある場合、②契約関係にない場合、の両方で成立します。

今回、依頼者とB税理士との間には契約関係がない、ということなので、債務不履行ではなく、不法行為に基づく損害賠償請求となります。

3-5　税理士法人の懲戒処分等

【質問】

　　税理士法人の懲戒処分等、下記の事項につきまして、ご教示ください。

1. 社員税理士の不祥事について

　　たとえば、税理士法人の社員税理士の1人の脱税指南が発覚した場合、あくまでもその社員税理士個人として懲戒処分を受けるでしょうか。

　　それとも、税理士法人として懲戒処分を受けるでしょうか。

2. 従業員の不祥事について

　　上記1．の質問に関連して、たとえば、税理士法人の従業員の脱税指南が発覚した場合、税理士法人として懲戒処分を受けるでしょうか。

　　それとも、その従業員を管理していた一社員税理士個人として懲戒処分を受けるのでしょうか。

3. 税理士法人として懲戒処分を受けた場合、当該懲戒処分を受けた税理士法人に所属する社員税理士は、登録を開業税理士へ変更し、すぐに税理士業務を行うことができるのでしょうか。

4. 罰金について

　　税理士法63条により、社員税理士個人として懲戒処分を受けた場合でも、当該社員税理士が所属する税理士法人は罰金を受けると思われますが、この罰金額等をご教示いただけたらと思います。

　　また、罰金は税賠保険で対応できるかどうかについてもご教示ください。

5. 税理士損害賠償金の負担について

損害を被った相手先に対しては、社員税理士全員が連帯して責任を負うことになると思われますが、社員税理士同士の内部の覚書等で、賠償金の発生原因のある社員税理士が負担する等、ある程度、賠償金の負担先をコントロールすることは可能でしょうか。

【回答】

1．について

この場合、税理士法人が受任して、社員税理士が業務を行っていると思いますが、そうであれば、法的には税理士法人が脱税指南をしたと評価されることになります。

したがって、税理士法人が税理士法48条の20第1項により処分を受け、当該社員税理士も同条4項により懲戒処分を受けることになります。

税理士法第48条の20

　1　財務大臣は、税理士法人がこの法律若しくはこの法律に基づく命令に違反し、又は運営が著しく不当と認められるときは、その税理士法人に対し、戒告し、若しくは2年以内の期間を定めて業務の全部若しくは一部の停止を命じ、又は解散を命ずることができる。

　2　第47条及び第48条の規定は、前項の処分について準用する。

　3　第1項の規定による処分の手続に付された税理士法人は、清算が結了した後においても、この条の規定の適用については、当該手続が結了するまで、なお存続するものとみなす。

　4　第1項の規定は、同項の規定により税理士法人を処分する場合において、当該税理士法人の社員等につき第45条又は第46条に該当する事実があるときは、その社員等である税理士に対し、懲戒処分を併せて行うことを妨げるものと解してはならない。

ただ、事情により、税理士法人のみが処分を受け、あるいは、社員税理士のみが懲戒処分を受ける、という場合もあるかと思います。

その場合、一方の処分は、他方には及ばないと考えられます。

２．について

　この場合、税理士法41条の２の使用人に対する監督義務違反となりますので、「質問１.」と同じ扱いになると思われます。

> 税理士法第41条の２
> 　税理士は、税理士業務を行うため使用人その他の従業者を使用するときは、税理士業務の適正な遂行に欠けるところのないよう当該使用人その他の従業者を監督しなければならない。

３．について

　社員税理士が懲戒処分を受けていない場合には、脱退し、開業することは可能と解釈できます。

４．について

　税理士法人が起訴され、有罪となったときには、必ず罰金が科されます。罰金を科すまでもないときには、「起訴猶予」として起訴されない扱いになると思われます。

　罰金刑の上限は以下のようになります。

　58条違反　　200万円

　59条違反　　100万円

　60条違反　　100万円

　61条違反　　100万円

　62条違反　　 30万円

　なお、罰金については、税賠保険の対象になりません。罰金は、損害賠償ではないためです。

５．について

　内部の覚書で賠償金の負担者をコントロールすることは可能です。

　なお、税理士法人の懲戒処分関係については、国税庁が次のとおり定めています。

https://www.nta.go.jp/taxes/zeirishi/zeirishiseido/kentoukai/04.htm

---

（問13）　税理士法人が懲戒処分を受けた場合、所属する社員税理士等にはどのような影響がありますか。

　（答）　社員税理士等が自ら懲戒処分を受けない限り、個人的に懲戒処分の責めを負うことはありませんが、例えば、税理士法人が解散処分を受けた場合、当該税理士法人の社員税理士あるいは補助税理士という立場を失うこととなりますし、業務停止処分を受けた場合、停止期間中は当該税理士法人としては税理士業務を行うことはできないこととなりますので、実質的に被る影響は大きいと言えます。

【解説】

(1)　税理士法人が戒告処分を受けた場合

(2)　税理士法人が業務の停止処分を受けた場合

　①　当該処分の起因となる違反行為の実行行為者等として、自らも懲戒処分に付された社員税理士や補助税理士のみならず、その他の社員税理士等についても、税理士法人の税理士業務の停止期間中においては、当該税理士法人の所属者として税理士業務を行うことはできません。

　②　その処分の日以前30日内にその社員であった者は、当該業務停止の期間は社員となることができません（法第48条の4第2項第2号）。

(3)　税理士法人が懲戒処分により解散した場合

　税理士法人としての活動は清算結了にかかる事務のみとなります。

　①　解散から2週間以内に、その旨を所属税理士会を通じて日税連に届け出なければなりません（官庁の処分により解散した場合、解散登記は官庁の嘱託によって行われます。）。

　②　解散後には清算手続を行い、結了したときから2週間以内に清算結了の登記を行うことになります。

　③　税理士法人が解散した場合、社員税理士等は当然にその地位を失うため、登録変更等の手続きを行わなければなりません。

　④　その処分の日以前30日内にその社員であった者でその処分の日から3年を経過しないと社員となることができません（法第48条の4第2項第2号）。

（問14）　社員税理士等が懲戒処分を受けた場合、当該社員税理士等が所属する税理士法人にはどのような影響がありますか。

（答）　社員税理士等が懲戒処分に付された場合においても、税理士法人が自ら懲戒処分の対象とならない限り、懲戒処分の効力は税理士法人には及びません。

　　　ただし、法第63条において、社員税理士等において違反行為が行われた場合、当該行為者を罰するほか、当該行為者が所属する法人に対して罰金刑を課することとされています。

　　　また、税理士法人としては、懲戒処分の対象とされた事由等についての再発防止策や社員等が業務停止期間中に税理士業務に携わることがないように監督等を行うといった対応が必要となります。

　　　なお、税理士法人の全ての社員税理士等が、業務禁止や停止の処分を受けた場合、税理士業務を行える税理士が存在しないこととなるので、必然的に税理士法人としても税理士業務を行うことができなくなります。

【解説】

　懲戒処分の効力が直接の被処分者以外に及ばないことについては前記のとおりですが、税理士法人の所属税理士等が懲戒処分に付されるといった事態が、税理士法人経営の実質において及ぼす影響については計り知れません。

　懲戒処分の起因となった事実に関連する顧問先との関係はもちろん、懲戒処分とは関係のない顧問先からの信用についても傷つくこととなり、税理士法人や他の所属社員税理士等にもダメージが及ばないとは言い切れません（上記（答）においては、あくまでも「懲戒処分の効力」に限って言えば、税理士法人には影響しないとしているところです。）。

　また、社員税理士等が税理士業務の禁止処分や停止処分に付された場合、税理士法人としては処分以降（停止処分については停止期間中）、被処分者を税理士業務に携わらせることのないように適切に措置することが必要です。

3-6　税理士法人と会計法人の法的リスク回避

【質問】

　現在、税理士事務所を個人事業で行っていますが、税理士法人と会計法人（株式会社）の設立をしたいと考えております。

　税理士法人と会計法人との業務の振り分けについては、税理士法2条1項1号から3号までの税理士業務部分を税理士法人で行い、代理店業、記帳代行に関するアウトソース業他を会計法人で行う予定で考えております。

　スタッフによっては、二重での所属が発生するため、業務管理システムによる記録に基づき、振り分けを実施する予定です。

　その法人の形態について法務的見地から見ていただきたいのです。

1．会計法人における株主または役員に税理士法人上の税理士を配置する必要性はあるでしょうか。

　　現状、代表取締役は非税理士、出資者（株主）50％で税理士が入る予定です。

2．顧問先との契約は、税理士法人が税理士業務と記帳代行業務を一括して契約する方法と税理士法人とは税理士業務契約、会計法人とは記帳代行業務契約というように別々に契約する場合でリスクは異なるでしょうか。

3．直接、契約関係の場合において税理士法に抵触しないために、業務システムによる業務単位での振り分けを徹底することで業法リスクは回避できるでしょうか。

【回答】

1　日本税理士連合会業務対策部の見解

　本件については、日本税理士連合会業務対策部から、「税理士事務所等の内部規律及び内部管理体制に関する指針」が出されています。

　同指針では、次のように記載されています。

【参考】税理士が主宰する会計法人に対する外部委託において留意すべき事項

　委託主である税理士が主宰する会計法人に対し、外部委託を行う場合は以下の点に留意すべきである。

- ・　会計法人の業務及び従業員等の監督の観点から、主宰会計法人の代表者には主宰税理士自身が過半数を超える出資の割合をもって就任し、責任を負うべきである。
- ・　効果的な監督の観点から、主宰会計法人の所在地は、税理士事務所等と同一場所とすべきである。同様の趣旨から、その法人の支店及び営業所は設置すべきではない。
- ・　会計業務は主宰税理士が税理士業務とともに一括して契約したうえで、これを主宰会計法人へ委託する方式の採用を徹底すべきである。
- ・　主宰税理士と主宰会計法人との委託契約上において、会計法人は税務一般の業務を絶対にしてはならないことを明らかにしたうえで、会計法人の業務は会計業務に限ることとし、税理士業務については、主宰税理士と顧問先との契約を明確にする。

　したがって、

- ・主宰税理士が会計法人の過半数を超える出資をする
- ・会計法人の所在地を税理士法人と同一場所にする
- ・顧問先とは税理士法人が一括受託する

というのが、日本税理士連合会業務対策部の立場ということになります。

　しかし、同指針は規則ではありません。同指針では、「本指針は、社会公共性の高い税理士業務の性格に鑑み、税理士の使命を全うするために必要な事項として、税理士事務所等の内部規律および内部管理体制を適切に整

備するための参考になることを目的に策定したものである。」とされています。

　上記指針に従うのが１つの方法です。

　この場合、会計法人は第三者なので、顧問先から、

　　・記帳代行業務の再委託の同意

　　・守秘義務の解除の同意

を得ておく必要があります。

2　私見

　しかし、私見では、

　　・主宰税理士が会計法人に出資する必要はない

　　・会計法人の所在地と税理士法人の所在地は別の場所でもよい

　　・顧問先とは別々の契約でも可能

と考えています。

　なぜなら、上記指針は、内部規律および内部管理体制を適切に整備することによって、税理士法違反等にならないことを目的としているものであり、他の方法で適切に運用できればその目的を達することができるわけです。

　ただし、そのためには、以下のように、いくつかの注意点があります。

　また、主宰税理士が支配株主でない場合には、顧客奪取リスクが高まりますので、その対応策も必要となってきます。

質問１．について

　少なくとも会計法人の支配株主に税理士を配置する必要があると思います。

　これは将来、スタッフと関係が悪化した際の防御策となります。

　スタッフが株主兼代表という場合で、かつ、顧問先との記帳代行の契約

も会計法人と締結しているような場合、将来スタッフとの関係が悪化して辞める、となった場合、顧問先との記帳代行契約を継続したまま、顧問先を持っていかれてしまいます。

そして、その後、就職等する税理士事務所のスタッフとして顧問先に契約勧誘が行われることが想定されます。

また、株主である税理士同士が50％ずつ株式を持ち合う場合、将来紛争が生じた場合に意思決定ができず、会計法人の経営がデッドロックになりますので、その点も検討が必要かと思います。

質問2、3について

別々の契約にする場合には、税理士法人と会計法人とをいかに区分し、税理士法違反に該当しないようにするか、がポイントとなります。

次のような点に注意する必要があります。

① 同一事務所内に会計法人を設置する場合は、守秘義務の観点から物理的区分性が必要になってくる。

② 守秘義務、非税理士による税務業務の禁止、従業員の監督の観点から、税理士事務所従業員が会計法人の従業員を兼務しない。

③ 税務業務と会計業務を明確に区別する。

④ 税理士事務所と会計法人で直接情報のやりとりをするには、顧客から守秘義務を解除していただく必要がある。

【補足】

税理士の守秘義務は、税理士法38条に規定されています。

税理士法第38条

　税理士は、正当な理由がなくて、税理士業務に関して知り得た秘密を他に洩らし、又は窃用してはならない。

　この「正当な理由」については、税理士法基本通達38-1が、「法第38条に規定する「正当な理由」とは、本人の許諾又は法令に基づく義務があることをいうものとする。」と定めています。

　また、「税理士業務に関して知り得た秘密」については、税理士法基本通達38-2が、「法第38条に規定する「税理士業務に関して知り得た秘密」とは、税理士業務を行うに当たって、依頼人の陳述又は自己の判断によって知り得た事実で、一般に知られていない事項及び当該事実の関係者が他言を禁じた事項をいうものとする。」と定めています。

　さらに、「窃用」については、税理士法基本通達38-3が、「法第38条に規定する「窃用」とは、自ら又は第三者のために利用することをいうものとする。」と定めています。

　税理士が守秘義務に違反すると、

① 　損害賠償
② 　懲戒処分
③ 　2年以下の懲役又は100万円以下の罰金（税理士法59条）

という不利益を受ける可能性があります。

　税理士の守秘義務が争われた事案としては、大阪高裁平成26年8月28日判決があります。

　税理士法人が、弁護士法23条の2による照会書を受け取りました。その照会では、過去の顧問先の7年間にわたる確定申告書および総勘定元帳の写しの送付依頼がありました。税理士は、23条照会には回答義務があるので、元依頼者に不利益が及ぶかもしれないと考えましたが、照会書に「本人の同意を得る必要はない」と記載してあったので、本人の同意を得ず送付しました。

　そこで、本人が税理士に対し、慰謝料を請求した、という事案です。

　裁判所は、次のように判断しました。

　1　弁護士は、受任している事件について、所属弁護士会に対し、公務

　　所又は公私の団体に照会して必要な事項の報告を求めることを申し出

　　ることができる。申出があった場合において、当該弁護士会は、その

　　申出が適当でないと認めるときは、これを拒絶することができる。

2　弁護士会は、前項の規定による申出に基づき、公務所または公私の

　　団体に照会して必要な事項の報告を求めることができる。

3　法律上、原則として報告する公的な義務があるが、正当な理由があ

　　る場合には、報告を拒絶することができる。

4　「税理士は、23条照会によって納税義務者のプライバシーに関する事

　　項について報告を求められた場合、正当な理由があるときは、報告を

　　拒絶すべきであり、それにもかかわらず照会に応じて報告したときは、

　　税理士法38条の守秘義務に違反する」

5　本件では、報告しないことによる不利益と報告することによる不利

　　益を比較衡量した上、開示されることによる不利益が照会に応じない

　　ことによる不利益を上回ることは明らかであるとして、税理士の守秘

　　義務違反を認め、慰謝料30万円と弁護士費用相当額の5万円の損害賠

　　償を命じました。

第4章

税務編

4-1　過年度の損益修正と更正の請求期間との関係

【質問】

5年以前に貸倒損失として認識していた売掛債権があります。

その当時、業績悪化のため貸倒処理せず、今日までできました。5年以上たちました。

今期は利益が回復し、貸倒処理ができるだけの利益が出ました。

過去に発生した貸倒処理をすることによって利益を圧縮し、その結果、法人税等が減少し、資金繰りにも好影響で経営者は喜んでいます。

本来は、貸倒れの事実が発生した年度に貸倒処理すべきであると思われますが、しかし、このような事案はよくあることであり頭を悩ますことですが、今回の事案は5年以前のことであります。

会計上、処理することは可能ですが、税務上は、更正の請求期間が5年になっております。

5年以前の事実は、この更正の請求期間との関係は、どのように解釈すればよいのでしょうか。

【回答】

実務上、現実的に税理士の先生方によって行われているかどうか別として、以下は、私の理解です。

貸倒損失については、法人税法22条3項により、「当該事業年度の損失の額」として「当該事業年度の損金の額」に算入するものとされています。

そして、法人税法基本通達9-6-1は、「事実の発生した日の属する事業年度において貸倒れとして損金の額に算入」し、9-6-2は、「明らかになった事業年度において貸倒れとして損金経理をすることができる」とされています。

　そして、9-6-3は、「損金経理をしたときは、これを認める」として、損金経理を要件としています。

　いずれにしても、先生のご見解のとおり、通達要件に「該当した事業年度」に損金の額に算入することとされています。

　そして、過去の判例では、昭和63年に破産手続きが終結して9-6-2の要件に該当したにもかかわらず、平成10年に貸倒処理をした事案において、破産手続きが終結した事業年度において貸倒処理すべきだとして、貸倒処理を認めなかったものがあります（秋田地裁平成17年10月28日判決）。

　したがって、5年以前に貸倒損失の要件に該当していたものについては、本事業年度において貸倒処理は認められないものと考えます。

　次に更正の請求についてですが、国税通則法23条は、「当該申告書に係る国税の法定申告期限から5年以内に限り」とされていますので、貸倒れの要件に該当したのが5年超前の法定申告期限の事業年度であれば、更正の請求もできないものと考えます。

　したがって、本事業年度に貸倒処理をするのであれば、本事業年度に貸倒れの要件に該当した、という証拠をどれだけ集められるか、ということになると思います。

　そして、判例によると、貸倒損失に係る要件事実については、納税者に立証責任がある、とされていますので（仙台地裁平成6年8月29日判決）、証拠も十分に収集することが必要かと思います。

4-2 海外取引か国内取引かの違いで消費税の税額控除はどう変わるか

【質問】

商社（大企業）から受注し、海外で組み立てして、商社に納入するビジネスモデルです。

今回、税務調査により、資材は海外で調達し直接納品されているから、この取引の動きは海外取引である。ゆえに非課税であるので、課税仕入れにはならないと主張されています。

しかし、商社からの請求書は有償支給として税込みで控除されており、会社は、本件相殺取引を課税材料仕入／買掛金（または売掛金）として仕訳しています。

そして、消費税の申告は、課税仕入れとしています。

会社側は消費税込みで商社に払っている（相殺）ので当然、仕入税額控除できるものと考えています。

どのように考えたらよいでしょうか。

【回答】

まずは本件取引を分析し、「資産の譲渡」なのか、「役務の提供」なのかを解釈することになるかと思います。

「資産の譲渡」だと思っていたのが、実は「役務の提供」だった、ということもあるためです。

その場合には、「どこで役務の提供が行われたのか」を分析することになるかと思います。

役務提供の場所が争われた裁判例をご紹介しておきます。

東京地裁平成22年10月13日判決（判例百選第6版83事件）です。

　納税者は、カーレースへの参戦・企画運営を行う有限会社ですが、国外で催されたカーレースに係るスポンサー企業からの契約金を、国外取引であり消費税の課税対象外であるとして申告しないでいたところ、課税庁より当該契約金は課税対象であるとして更正処分を受けた、という事案です。

　裁判所は、消費税法上国内取引とされる役務の提供は、国内および国内以外の地域にわたって行われる役務の提供のうち、その対価の額が合理的に区分されていないものを含むとした上で、当該スポンサー契約において納税者が負担した役務の提供は多岐にわたり、国内を提供場所とする役務の提供の対価と国外を提供場所とする役務の対価とを合理的に区分できるとは解されないため、当該役務の提供は国内取引に該当すると判示しました。納税者敗訴です。

　また、国税庁による内外判定の基準もご紹介しておきます。

　タックスアンサー　No.6210国外取引

　https://www.nta.go.jp/m/taxanswer/6210.htm

No.6210　国外取引

国外取引　〜　三国間貿易など

(1)　国外取引については、消費税は課税されません（不課税）。

　国内取引か国外取引かの判定（内外判定）は、次によります。

　イ　資産の譲渡又は貸付けの場合

　　資産の譲渡又は貸付けの場合は、一定の取引についての例外はありますが、原則として、その譲渡又は貸付けが行われる時においてその資産が所在していた場所で国内取引かどうかを判定します。

　ロ　役務提供の場合

　　役務の提供の場合は、一定の取引についての例外はありますが、原則として、その役務の提供が行われた場所で、国内取引かどうかを判定します。

　※　平成27年10月１日以後、電子書籍・音楽・広告の配信などの電気通信回線（インターネット等）を介して行われる役務の提供を「電気通信利用役務の提供」と位置付け、その役務の提供が消費税の課税対象となる国内取引に該当するか否かの判定基準（内外判定基準）を、役務の提供を行う者の役務の提

供に係る事務所等の所在地から、役務の提供を受ける者の住所等とする見直しが行われています。

これにより、国内に住所等を有する者に提供する「電気通信利用役務の提供」については、国内、国外いずれから提供を行っても課税対象となります。

詳しくはコード6118　国境を越えた役務の提供に係る消費税の課税の見直し等についてをご参照ください。

(2)　三国間貿易

事業者が国外において購入した資産を国内に搬入することなく他へ譲渡するいわゆる三国間貿易の場合は、国外に所在する資産の譲渡であり国外取引に該当しますので、その経理処理のいかんに関わらず課税の対象とはなりません。

(3)　国内及び国外にわたって行われる役務の提供

例えば、国内の事業者から特定国の市場調査を請け負い、国外で市場調査を行い、日本で調査結果を分析し報告書を作成する取引は、国内及び国外にわたって行われる役務の提供に該当し、国内対応部分と国外対応部分の対価が契約において合理的に区分されている場合は、その区分されているところによりますが、それぞれの対価が合理的に区分されていない場合には、役務の提供を行う者の役務の提供に係る事務所等の所在地で内外判定を行います。

通達（国外と国外との間における取引の取扱い）5-7-1

https://www.nta.go.jp/law/tsutatsu/kihon/shohi/05/07.htm

事業者が国外において購入した資産を国内に搬入することなく他へ譲渡した場合には、その経理処理のいかんを問わず、その譲渡は、法第４条第１項《課税の対象》に規定する「国内において事業者が行った資産の譲渡等」に該当しないのであるから留意する。

4-3　株式会社への貸付金残高は相続財産になるか

【質問】

　株式会社の代表者が亡くなり、その遺族からの相談です。

　代表者から会社への貸付金残高が3,000万円程残っていますが、代表者が亡くなり会社を清算しようと思います。

　会社には何の財産もなく、この貸付金の返済は不可能であるため遺族として放棄して会社をたたみたいのですが、その場合でもこの貸付金残高は相続財産になるでしょうか。

　そして、返してもらえない貸付金を放棄して会社を清算することは法律的に問題ないでしょうか。

【回答】

　法律上の問題と税務上の問題を分けて回答します。

1　法律上の問題

　法律上は、貸金債権を相続した上で相続人が貸金債権を放棄することは自由ですので、放棄可能です。その結果、会社の資産負債がすべてゼロになるのであれば、清算が可能となります。

　ただし、貸付債権の放棄により、債務免除益が生じ、納税義務が発生する、ということであれば、その処理をしなければなりません。

　負債が残った状態で清算を開始し、返済できない場合には、破産手続開始の申立てをしなければなりません（会社法656条1項）。

2　税務上の問題

(1)　相続税について

　貸付金を放棄しても、相続開始時に貸付金が存在していますので、相続財産としての評価が必要となります。

　会社に対する貸金債権は、財産評価基本通達によって、次のように評価されます。

（財産評価基本通達）

　204　貸付金、売掛金、未収入金、預貯金以外の預け金、仮払金、その他これらに類するもの（以下「貸付金債権等」という。）の価額は、次に掲げる元本の価額と利息の価額との合計額によって評価する。

　⑴　貸付金債権等の元本の価額は、その返済されるべき金額

　⑵　貸付金債権等に係る利息（208≪未収法定果実の評価≫に定める貸付金等の利子を除く。）の価額は、課税時期現在の既経過利息として支払を受けるべき金額

　次に、回収不能または著しく困難であるときの評価です。

　205　前項の定めにより貸付金債権等の評価を行う場合において、その債権金額の全部又は一部が、課税時期において次に掲げる金額に該当するときその他その回収が不可能又は著しく困難であると見込まれるときにおいては、それらの金額は元本の価額に算入しない。（平12課評2-4外・平28課評2-10外改正）

　⑴　債務者について次に掲げる事実が発生している場合におけるその債務者に対して有する貸付金債権等の金額（その金額のうち、質権及び抵当権によって担保されている部分の金額を除く。）

　　イ　手形交換所（これに準ずる機関を含む。）において取引停止処分を受けたとき

　　ロ　会社更生法（平成14年法律第154号）の規定による更生手続開始の決定があったとき

　　ハ　民事再生法（平成11年法律第225号）の規定による再生手続開始の決定があったとき

　　ニ　会社法の規定による特別清算開始の命令があったとき

　　ホ　破産法（平成16年法律第75号）の規定による破産手続開始の決定があ

ったとき

　ヘ　業況不振のため又はその営む事業について重大な損失を受けたため、その事業を廃止し又は6か月以上休業しているとき

　今回、上記の「ヘ」に該当するのであれば元本は相続財産として評価しないこととなりますが、そうでなければ、特別清算あるいは破産手続開始の申立を行うかどうかを検討することになるかと思います。

(2)　法人税について

　また、会社には債務免除益が生じますので、法人税について、繰越欠損金や法的手続きの検討が必要かと思います。

4-4　契約形態の違いによる税務書類の作成上の注意点

【質問】

　委任契約・請負契約にかかわらず、税理士が申告書を作成した場合、申告書に署名が必要であるとの認識なのですが、業務の性質上、申告代理も行うことが多いと思います。

　この場合、いずれの契約においても、税理士署名のある申告書、代理申告の事実があり、対外的にはどちらの契約にて行われたか判断はできないと思いますが、成果物としての形式は同じであっても、契約によってその責任範囲は異なるという解釈でよいのでしょうか。

　また、税務代理についてですが、独占業務として申告書の作成と税務代理がそれぞれ規定されていますが、申告書の作成は税務代理に内包されるという認識でおります。

　請負契約より申告書の作成および申告を行う場合にも、これらについて税務代理を行うことになると思いますが、あくまで請負として代理行為を行ったという考え方でよいのでしょうか。

　つまり、税務代理≠委任という認識でよろしいのでしょうか。

　加えて、代理権限証書の添付はどのような効力があるものなのでしょうか。

　単に課税庁側にとって、納税者の代理税理士を確定させるだけのものなのでしょうか。

　たとえば、申告書の作成および申告は代理して行ったものの、代理権限証書を添付しないことが実際に可能ですが、これは単に代理権限証書の添付漏れという扱いになるのでしょうか。

　それとも（矛盾するようにも思えますが）「私は代理人ではない」と明

示することになるのでしょうか。

【回答】

今回は、「委任契約」「請負契約」「署名」「税務代理権限証書」の問題として認識しました。

1 署名について

まず「署名」の点を解決しておきたいと思います。

税理士法33条は、次のように規定しています。

税理士法33条

1 税理士又は税理士法人が税務代理をする場合において、租税に関する申告書等を作成して税務官公署に提出するときは、当該税務代理に係る税理士は、当該申告書等に署名押印しなければならない。この場合において、当該申告書等が租税の課税標準等に関する申告書又は租税に関する法令の規定による還付金の還付の請求に関する書類であるときは、当該申告書等には、併せて本人（その者が法人又は法人でない社団若しくは財団で代表者若しくは管理人の定めがあるものであるときは、その代表者又は管理人）が署名押印しなければならない。

2 税理士又は税理士法人が税務書類の作成をしたときは、当該税務書類の作成に係る税理士は、当該書類に署名押印しなければならない。

そこで、税理士が税務書類を作成した場合には、申告代理をしようとしまいと、また、委任契約であろうと請負契約であろうと、税務書類に署名押印しなければなりません。

この規定の趣旨は、税務書類を作成した者の「身分及び責任の所在を明らかにしておく必要がある」ためとされています（『新税理士法第4版』日本税理士連合会編）。申告代理をするかどうかとは無関係です。

したがって、署名は、税務書類を作成した税理士の身分および責任の所

在を明らかにするだけのものであり、当事者間の契約関係に影響を及ぼす
ものではない、ということになります。

　なお、契約関係には影響を及ぼしませんが、「誰の意思に基づいて作成さ
れたか」という事実認定の場面では、当該税理士が作成したものという強
い推定力が働く証拠となります。

2　代理権限証書について

　次に、代理権限証書ですが、これは、その名のとおり、代理権限を証明
するための書類となります。

　そして、代理権限証書については、過去の判例で、「税理士がその業務に
関する委任状を徴求したことは、その委任状に記載の委任事項についての
業務を受任したものというべきである。」（東京高裁平成7年6月19日判決
（TAINS　Z999-0009））とされていますので、代理権限証書を徴求した場合
には、原則として、「委任契約」が成立したものと認定される傾向にあると
思われます。

3　請負契約について

　ところで、税理士が受託する業務が「請負契約」と認定される場合もあ
ります。

　請負契約は、民法632条で、「請負は、当事者の一方がある仕事を完成す
ることを約し、相手方がその仕事の結果に対してその報酬を支払うことを
約することによって、その効力を生ずる。」と規定されています。

　ポイントは、①仕事の完成、②仕事の結果に対する報酬、です。

　税理士の業務では、申告代理等をせず、単に、会計帳簿の作成や税務書
類の作成のみを受託するような場合です。

　このような「請負契約」を受託する場合には、

　・契約内容を契約書において、税務書類の完成までとし、申告代理をし

　ないこと、委任契約ではないことを明記する

・税務書類に署名押印はするが、代理権限証書は徴求せず、納税者が自
　ら申告する

という扱いになるかと思います。

　なお、請負契約の場合には、契約書に印紙の貼付が必要となりますので、
ご注意ください。

　また、国税庁の解釈によると、「一部の請負の事項が併記された契約書又
は請負とその他の事項が混然一体として記載された契約書は、印紙税法上、
請負契約」とされています。

　https://www.nta.go.jp/law/shitsugi/inshi/12/09.htm

4-5　少数株主からの会計帳簿等の閲覧請求への対応

【質問】

　顧問先（特例有限会社）に対し、少数株主（約10％所有）から、「過去の決算書等が見たい。詳細がわかるのは会計事務所だろうから、会計事務所に出向く。社長から会計事務所に連絡をしておいてくれ。」との請求がありました。

　この場合、

　1．少数株主に決算書等を見せることに問題はないのか

　2．見せることになった場合、何処まで見せなくてはいけないか

　（申告書、勘定科目内訳書、元帳なども開示しなくてはいけないか）

　3．社長は拒否したいらしいのですが、その場合は正当な理由をつけることができるか

についてご教授いただければと思います。

【回答】

　約10％の株式を有する株主には、計算書類等の閲覧請求権（会社法442条3項）、会計帳簿の閲覧請求権（同法433条1項）があります。

会社法第442条

　1　株式会社は、次の各号に掲げるもの（以下この条において「計算書類等」という。）を、当該各号に定める期間、その本店に備え置かなければならない。

　一　各事業年度に係る計算書類及び事業報告並びにこれらの附属明細書（第436条第1項又は第2項の規定の適用がある場合にあっては、監査報告又は会計監査報告を含む。）　定時株主総会の日の1週間（取締役会設置会社にあっては、2週間）前の日（第319条第1項の場合にあっては、同項の提案

　があった日）から5年間
　　二　臨時計算書類（前条第2項の規定の適用がある場合にあっては、監査報
　　　告又は会計監査報告を含む。）　臨時計算書類を作成した日から5年間
2　株式会社は、次の各号に掲げる計算書類等の写しを、当該各号に定める期
　間、その支店に備え置かなければならない。ただし、計算書類等が電磁的記
　録で作成されている場合であって、支店における次項第3号及び第4号に掲
　げる請求に応じることを可能とするための措置として法務省令で定めるもの
　をとっているときは、この限りでない。
　　一　前項第1号に掲げる計算書類等　定時株主総会の日の1週間（取締役会
　　　設置会社にあっては、2週間）前の日（第319条第1項の場合にあっては、
　　　同項の提案があった日）から3年間
　　二　前項第2号に掲げる計算書類等　同号の臨時計算書類を作成した日から
　　　3年間
3　株主及び債権者は、株式会社の営業時間内は、いつでも、次に掲げる請求
　をすることができる。ただし、第2号又は第4号に掲げる請求をするには、
　当該株式会社の定めた費用を支払わなければならない。
　　一　計算書類等が書面をもって作成されているときは、当該書面又は当該書
　　　面の写しの閲覧の請求
　　二　前号の書面の謄本又は抄本の交付の請求
　　三　計算書類等が電磁的記録をもって作成されているときは、当該電磁的記
　　　録に記録された事項を法務省令で定める方法により表示したものの閲覧の
　　　請求
　　四　前号の電磁的記録に記録された事項を電磁的方法であって株式会社の定
　　　めたものにより提供することの請求又はその事項を記載した書面の交付の
　　　請求
4　株式会社の親会社社員は、その権利を行使するため必要があるときは、裁
　判所の許可を得て、当該株式会社の計算書類等について前項各号に掲げる請
　求をすることができる。ただし、同項第2号又は第4号に掲げる請求をする
　には、当該株式会社の定めた費用を支払わなければならない。

会社法第433条
1　総株主（株主総会において決議をすることができる事項の全部につき議決

権を行使することができない株主を除く。）の議決権の百分の三（これを下回る割合を定款で定めた場合にあっては、その割合）以上の議決権を有する株主又は発行済株式（自己株式を除く。）の百分の三（これを下回る割合を定款で定めた場合にあっては、その割合）以上の数の株式を有する株主は、株式会社の営業時間内は、いつでも、次に掲げる請求をすることができる。この場合においては、当該請求の理由を明らかにしてしなければならない。

一　会計帳簿又はこれに関する資料が書面をもって作成されているときは、当該書面の閲覧又は謄写の請求

二　会計帳簿又はこれに関する資料が電磁的記録をもって作成されているときは、当該電磁的記録に記録された事項を法務省令で定める方法により表示したものの閲覧又は謄写の請求

2　前項の請求があったときは、株式会社は、次のいずれかに該当すると認められる場合を除き、これを拒むことができない。

一　当該請求を行う株主（以下この項において「請求者」という。）がその権利の確保又は行使に関する調査以外の目的で請求を行ったとき。

二　請求者が当該株式会社の業務の遂行を妨げ、株主の共同の利益を害する目的で請求を行ったとき。

三　請求者が当該株式会社の業務と実質的に競争関係にある事業を営み、又はこれに従事するものであるとき。

四　請求者が会計帳簿又はこれに関する資料の閲覧又は謄写によって知り得た事実を利益を得て第三者に通報するため請求したとき。

五　請求者が、過去2年以内において、会計帳簿又はこれに関する資料の閲覧又は謄写によって知り得た事実を利益を得て第三者に通報したことがあるものであるとき。

3　株式会社の親会社社員は、その権利を行使するため必要があるときは、裁判所の許可を得て、会計帳簿又はこれに関する資料について第1項各号に掲げる請求をすることができる。この場合においては、当該請求の理由を明らかにしてしなければならない。

4　前項の親会社社員について第2項各号のいずれかに規定する事由があるときは、裁判所は、前項の許可をすることができない。

計算書類は、計算書類、事業報告、附属明細書であり、会計帳簿は、計算書類等の作成の基礎となる総勘定元帳、仕訳帳、伝票、契約書等とされ

ています。申告書は含まれません。

　税理士は守秘義務がありますので、社長の許可がない限り、株主であっても一切の書類を開示してはいけません。

　また、開示する場合も社長から、その範囲について指示を受けておく必要があり、メール等でどの書類を開示してよいのか、写しの交付はどうか、など、証拠化しておくことをおすすめします。

　会社が閲覧を拒否した場合、株主が裁判所に対して帳簿閲覧等の請求を申し立てる場合があります。

　この場合には、会社法433条2項所定の「拒絶事由」があるかどうかが争われます。

　なお、敵対株主、ということであれば、株式併合等の「スクイーズアウト」により、少数株主を会社から閉め出してしまう、ということを検討する余地もあります。

4-6　社宅の徴収金額で注意するべきポイント

【質問】

　社宅の徴収金額について3点お尋ねがあります。

　規定では一般の入居資格者に対しては会社が負担する賃貸料の4分の1の額を共益費としています。

　業務上の命令の者については、所得税基本通達36-47の固定資産税評価額で計算した賃料相当額と共益費としています。

1. 規定で賃貸料の4分の1としていますが、固定資産税評価額の賃料相当額は低額で賃料の4分の1の範囲内の金額に収まるかと思いますが、調査等があった場合、事前に計算しておかないと問題でしょうか。
2. 業務の命令の者に共益費の負担をさせるのは酷と思います。
　　その該当者だけ、共益費を負担させないのは問題があるでしょうか。
3. 所得税基本通達36-40に「他から借り受けた住宅等を貸与している場合使用者が支払賃借料の額の50%相当額の賃貸料…」と記載されています。

　この賃貸料に共益費は含むと考えますがいかがでしょうか。

【回答】

1．について

　通達の要件を満たすかどうかについては、規定を定める際に検討すべき問題だと考えます。

　したがって、顧問先に対して、通達の要件を説明して、規定の仕方と通達要件では計算方法に違いがあり、場合によっては給与認定される可能性

があるので、通達要件に沿った規定に変更することを助言するのがよろしいかと思います。

それに対し、「現時点で通達の要件を満たすかどうかを検討し、満たしていないならば、規定を改定する」ということであれば、現時点で計算をすることになるかと思います。

しかし、「調査があった際に指摘を受け、給与認定された場合に規定改定を検討する」ということであれば、現時点では計算の必要なく、説明した旨の証拠化をしておけばよろしいかと思います。

2．について

税務上は、「給与等とされる経済的利益があるか」の問題なので、通達要件を満たしていれば、差別的扱いをしても問題ないと思います。

法律上は、平等取扱いの問題となりますので、一般の入居資格者と業務上の命令の者と差別して扱うことが合理的かどうか、判断することになるかと思います。

3．について

「支払賃借料」について、裁判所的考え方からすると、「賃料」と「共益費」は別物と考えることになると思います。

しかし、本通達は、個別に経済的利益の額を判断するのが煩雑であること、統一的基準を作成しておいた方が公平な課税および円滑な税務調査が実現する、という観点から作成されているものと考えられます。

そして、賃貸借契約における賃料の定め方には、賃料○○円（共益費含む）と規定する場合もあり、この場合に共益費の額を確定しない限り給与等とされる経済的利益を計算できない、というのであれば通達の趣旨に反することになります。

そして、「支払賃借料の額の50％」というのは、「賃借人が負担する額の

50％」と考えるのが、本通達の趣旨に合致すると考えられます。

　したがって、「支払賃借料」に共益費を含めて計算して差し支えないものと考えます。

4-7　純然たる第三者間取引

【質問】

顧問先が、M＆Aで会社を買収しようとしています。

株式売買を考えているのですが、財産評価基本通達が時価であるかどうかについて疑問を持っています。

「純然たる第三者間取引であれば否認されることはない」と考えていますが、正しいでしょうか？

【回答】

中小企業の株の売買において、価額算定を誤ると、時価取引ではないとして、課税の対象になります。この点について、「純然たる第三者間取引であれば否認されることはない」と言われることがあります。

しかし、これは不正確です。

この見解の根拠は、『法人税基本通達逐条解説』（税務研究会）の「9-1-14」に関する次の一節と思われます。

「なお、本通達は、気配相場の無い株式について評価損を計上する場合の期末時価の算定という形で定められているが、関係会社間等においても気配相場のない株式の売買を行う場合の適正取引価額の判定に当たっても、準用させることになろう。

ただし、純然たる第三者間取引において種々の経済性を考慮して定められた取引価額は、たとえ上記したところの異なる価額であっても、一般に常に合理的なものとして是認されることになろう。」

この中の「純然たる第三者間取引」という文言が1人歩きしたものと推測します。

ところで、国税不服審判所平成11年2月8日裁決において、課税庁側の

主張として、「法人税法上、売買取引における取引価額については、それが純然たる第三者間において種々の経済性を考慮して定められた価額であれば、一般には常に合理的なものとして是認されるが、本件譲渡のように、親会社と子会社の代表者との譲渡で純然たる第三者間の取引ではなく、かつ、その合意価額が合理的に算定されていないと認められる場合には、当事者間の合意があったとしてもその合意価額は客観的交換価値を示すものとは認められない。」とされていますので、課税庁は、この見解に依拠しているものと思われます。

　そこで、時価を作り出すために、本来意図する株取引の前に、第三者間取引をかませて、「時価」を作りだそう、と考える人が出てきます。

　つまり、本当は馴れ合いで価格を決めているにもかかわらず、純然たる第三者同士が交渉した結果、価格が決まったように装う、ということです。

　しかし、この方法を採用すると、後日の税務調査で否認され、もし、税理士が助言した場合には、税理士損害賠償に発展する恐れがあります。

　なぜなら、ここで注意すべきなのは、上記基準は、「純然たる第三者間取引」であれば、それだけで時価と認定されるわけではない、ということです。

　たとえば、純然たる第三者間取引だったとしても、売手の都合によってどうしても早期に売却したく、買手の言い値で、即座に本来の時価の3分の1で売却したとしたら、どうでしょうか。

　この場合には、客観的交換価値で売買されたことにはなりません。

　株価によっては、大きな経済的利益が売主から買主に移転したことになります。

　つまり、そこに担税力が生じていることになります。

　時価と認められるためには、「純然たる第三者間取引」というだけでは足りず、要件がもう1つ加わります。

　(1)　純然たる第三者間取引であること

⑵　取引価格が種々の経済性を考慮して定められたこと

つまり、純然たる第三者間取引であるだけではダメで、⑵の要件を満たして、はじめて合理的なものとして是認される、ということになります。

簡単に言うと、

・お互いが「自分の方が相手より得をしたい」という関係性において

・できる限り自分に有利な価格になるよう交渉した

ということになります。

そういう場合には、利害対立間の交渉で決められた価格であるので、「客観的交換価値であると推認できる」ということだと思います。

そして、税務否認するためには、課税庁が時価についての立証責任を負担しますが、上記の要件が満たされる場合には、それを覆して異なる時価を立証するのが困難、と判断しているものと推測します。

この点について、東京地裁平成19年1月31日判決（税務訴訟資料257号順号10622）では、納税義務者が親族関係のない独立第三者間取引であると主張したのに対し、裁判所は、譲渡価格が譲渡人と納税義務者との間でのせめぎ合いにより形成された客観的価値ではないとして、納税者敗訴判決をしています。

したがって、「純然たる第三者間取引」のように見えても、それだけで安心せず、その取引価格が、きちんと売主と買主の経済合理性に根ざしたせめぎ合いによって決定されたかどうか、を確認しておく必要があります。

そして、税理士としては、その交渉過程を証拠化して、保存していく必要があると思います。

4-8　従業員が所有する自社株式の処理

【質問】

　　X会社は評基通上の大会社で、筆頭株主は2代目で現社長Aです。先代Yはまだ健在です。株価は原則的評価です。

　　暦年贈与を使い、現社長AとB〜E（Aの配偶者とYの孫ら同族株主）に贈与をしてきましたが、数年前に一挙に減らしてしまいたいと考え、従業員であるF〜Kに配当還元で贈与をしました。

　　各人は10%を所有しています。

　　現社長Aもこの件は承知しています。もちろん贈与契約書と贈与税の申告（ただし110万円以内）はしておりますが、他は何もしておりません。

　　先代らの意向どおりにするにしても、何らかの契約書を作成しておく必要があると思っています。

　　たとえば、「本人がX社を退社した場合は、X社が指名する者（従業員）に配当還元価額で贈与するものとする」、「相続が発生した場合には、相続人はX社が指名する者（従業員）に配当還元価額で贈与するものとする」という条項を付け加えることを考えています。

　　退社の場合は特に問題ないと思いますが、相続の場合、相続人が反対しても本条項をもって、対抗することはできるでしょうか。

　　なんとか、この危険な状態を回避したいと考えています。

【回答】

1　従業員株主の退職時の処理

　退職の場合に贈与、死亡の場合に贈与、ということでは、結局、株式を従業員に贈与したといいつつ、その経済的価値を移転したとは言えない、

ということになり、単に相続税を回避する形式を整えただけ、と認定される可能性があると思います。

そうすると、贈与自体が否認されて相続税を計算される可能性がある、ということになると思います。

贈与した以上は、少なくとも配当還元価額で誰かが買い取るか、売却させるか、という方がリスクが少ないように思います。

退職時の株式の処理については、株式譲渡自由の原則との関係を検討しなければいけません。

この点、従業員持株制度で退職時に券面額で清算する制度を定めたことが有効とされた最高裁平成7年4月25日判決があります。

有効とされた理由としては、

・従業員がこのルールを認識していたこと

・十分な配当を行っていたこと

とされています。

そこで、今から従業員持株制度を創設する、という方法もあると思います。

今回は、無償で取得した株式なので、特に配当を出していなくても、券面額あるいは配当還元価額で譲渡したとしても、それなりの経済的利益を得ますので、有効になりやすいと思います。

2　相続人等に対する売渡請求権

相続時の対処としては、他に「相続人等に対する売渡請求権」を定款に定めることが考えられます。

この場合、経営者が死亡した場合にもこの規定が適用され、少数株主により、経営者の相続人に対して、「相続人等に対する売渡請求権」が行使されてしまう可能性があります。

相続開始の後に、定款変更をして相続人等に対する売渡請求を定め、こ

れに基づいて売渡請求をすることもできますので（ただし、相続等があった日から1年以内）、遺言書で特定の相続人が取得するよう定めていたり、相続人に争いがないような場合には、あえて定款に定める必要はないように思います。

3　議決権に対する対応

議決権に対する対応としては、

・従業員が所有する株式を無議決権株式とする。

・従業員が所有する株式を一般社団法人などに信託して一般社団法人が議決権を持つ。

・経営者が黄金株を持つ

などの方法があります。

また、今のうちに、株式併合などのスクイーズアウトを実行して、少数株主を会社から締め出す、という方法もあるかと思います。

4-9　重加算税の賦課決定要件

【質問】

　顧問先の税務調査に立ち会ったとき、調査官から社長の机の中を見せてくれと言われ、やむを得ず見せました。その中に、ある特定の商品の一覧表が出てきました。

　それが、結果として決算時の在庫漏れとなり、修正申告の対象になりました。

　この件については、まったく社長自身、失念していて言われるまで気づかなかったそうです。

　過年度も一度も計上されていませんでした。

　税務調査官は重加算税の対象になることを強く主張してきました。

　しかし、社長は「故意に隠匿したわけではなく本当に忘れていた」と言っています。

　重加算税の賦課決定要件を満たすでしょうか。

【回答】

1　重加算税の賦課決定要件

　単なる在庫商品の過少申告だけでは重加算税の賦課決定要件は満たしません。

　判例によると、「納税者が故意に課税標準又は税額等の計算の基礎となる事実の全部又は一部を隠ぺいし、又は仮装し、その隠ぺい、仮装行為を原因として過少申告の結果が発生したものであれば足り、それ以上に、申告に際し、納税者において過少申告を行うことの認識を有していることまでを必要とするものではない（最高裁昭和62年5月8日判決)。」とされており、隠ぺい仮装を「故意」で行うことが必要とされています。

　また、「課税処分に当たっての留意点」（平成25年 4 月　大阪国税局　法人課税課、ＴＡＩＮＳ　H250400課税処分留意点、179頁）は、次のように記載しています。

　　「過少な所得金額を記載した申告書を提出した行為のみをもって直ちに(1)で掲げた重加算税賦課の課税要件を満たしたことにはならないので注意が必要である」「くれぐれも、所得金額が過小の確定申告書を提出して税額の一部を免れたことを内容とする『確認書』のみで安易に重加算税を賦課することがないよう留意する。」

　そして、最高裁平成 7 年 4 月28日判決は、「重加算税を課するためには、納税者のした過少申告行為そのものが隠ぺい、仮装に当たるというだけでは足りず、過少申告行為そのものとは別に、隠ぺい、仮装と評価すべき行為が存在し、これに合わせた過少申告がされたことを要する」と判示しています。

　したがって、本件では、過少申告とは別に、本件在庫商品を除外した行為が「故意」による「隠ぺい又は仮装」に該当するかどうかが問題となります。

2　本件における検討

　本件では、税務調査官が「故意」を主張し、納税者が「過失」を主張している事案だと推察いたします。

　重加算税の賦課要件の立証責任も課税庁が負担しますので、現状の証拠関係により、故意の隠ぺい仮装が立証されているかどうかを検討することになるかと思います。

　以下の点が検討されることになるかと思います。

　・なぜ、特定の商品の一覧表だけが作成されているのか
　・なぜ、特定の商品の一覧表「だけ」が机の中にあったのか（通常のフローからして異常性がないか）

・在庫商品の計算は、どの記録から計上しているか（計上漏れが発生するようなフローか）

・期末在庫の確認はどうしているか（気づき得たか）

・納品書などの伝票の管理はどうなっているか（通常、気づくフローになっていないか）

・当該商品の運送費などの付随費用は計上されているか（意図的に当該商品だけを除外していないか）

上記のような点を検討し、在庫商品の計上漏れが「過失」または「重過失」であったとしても、「故意」とまでは断定できない、ということであれば、そのまま主張を通すことになるかと思います。

参考裁決として、昭和48年12月13日裁決（TAINS　J09-1-01）は、棚卸し資産の計上漏れに「重過失」があったとしても、「故意」ではない、として、重加算税賦課決定を取り消しました。

なお、質問応答記録書などでは、「過失」「失念」で通すよう顧問先に助言することをおすすめします。

【補足】

昭和48年12月13日裁決（TAINS　J09-1-01）は、納税者が、土地1,523.63平方メートルを購入し、これを15区画に分筆し、さらに分割した上、その一部を売却したが、その際、一部土地を棚卸資産として計上しなかった、という事案です。

課税庁の主張は、当該土地が当事業年度末に存在していることを代表者はもちろん、現場責任者も十分承知しているところであり、また、請求人の諸記録からも明確であることから、単なる過失に基づく計上漏れとは認められない、というものでした。

国税不服審判所は、「経理担当者は、171の2の1の土地の売買契約書の物件表示には17の2の1と明らかに枝番が付されていたが、これを見落し

ていること、17現場の見取り図には分割の事実の表示がなかったとしても
当該面積52.89平方メートルは、他の区画の面積からして狭少に過ぎる点に
気付かなかったことが認められるが、これは、経理担当者が誤りのなかっ
た従来の棚卸方法を継続して採用したことに基づくものであり、さらに、
過去において例のなかった分割販売が事業年度末になって発生したことも
経理担当者が棚卸しを誤った一因と認められる。

　また、請求人は決算にあたり、住宅建設販売業者として最も重要な棚卸
しの内容について十分な検証を行なわなかったものであり、このことは請
求人の責による重大な過失であると認められるが、この過失が生じた経過
および本件棚卸土地はその後販売され、販売収益は原処分庁が請求人の当
事業年度の調査を行なった以前において請求人の翌事業年度の収益として
計上されていることからみれば、請求人の仮装または隠ぺいに基づいて棚
卸しを計上漏れとしたものとは認められない。」として、処分を取り消しま
した。

4-10　人件費の支払いは重加算税賦課要件を満たすか

【質問】

　クライアントの法人の税務調査にて代表者のお母さまの給料月額70,000円が架空人件費として最高7年の重加算対象と指摘されています。

　88歳であるため対価性なしと判断されてのことです。

　法人税個別通達でいえば、第1の1⑵②で「帳簿書類の改ざん（偽造および変造を含む。以下同じ。）、帳簿書類への虚偽記載、相手方との通謀による虚偽の証ひょう書類の作成、帳簿書類の意図的な集計違算その他の方法により仮装の経理を行っていることは、と隠ぺいではないものの仮装に該当する」とのことです。

　勤務実態としては、来客へのお茶出しや掃除程度です。

　給与水準は他の従業員と比較して、一番低い水準であり、帳簿上は、他の従業員と同様給料と記載、賃金台帳についても同様に給料としての記載があります。

　また、金員の移動は実際にあり、その後、迂回して代表者が受け取っている事実もありません。

　私は、「仮装」の認定は厳しすぎるのではないかと反論しています。

　①　支払いの相手方が実在し、

　②　金額が職務に対して不相当ということがあっても対価性がゼロということはあり得ないのでないか。

　また、7年訴求の悪質な仮装の定義の参考になる条文等ございましたらお教え願いたいです。

【回答】

　ご質問は 2 つと理解しました。

　(1)　本件人件費の支払いが重加算税賦課要件を満たすか

　(2)　7 年遡りの要件

⑴　本件人件費の支払いが重加算税賦課要件を満たすか

　国税通則法68条 1 項に規定する「…の計算の基礎となるべき事実の全部又は一部を隠ぺいし、又は仮装し」たとは、最高裁判決により定義されてはいませんが、和歌山地裁昭和50年 6 月23日判決（TAINS　Z 082-3588）が、「不正手段による租税徴収権の侵害行為を意味し、「事実を隠ぺい」するとは、事実を隠匿しあるいは脱漏することを、「事実を仮装」するとは、所得、財産あるいは取引上の名義を装う等事実を歪曲することをいい」いずれも行為の意味を認識しながら故意に行うことを要するものと解すべきである。」として以降、概ねこのように解されています。

　架空人件費の場合に重加算税が課せられたケースとしては、勤務実態がなかったり、給与支払いがないにもかかわらず、架空のタイムカードが作成され、これに基づいて虚偽の賃金台帳等が作成された上で、これらに記載された金額を含む従業員に対する給料等の合計額が、総勘定元帳の「給料」欄に記載された、というような行為が「仮装」と認定されます。

　したがって、今回の「仮装」は、勤務実態がないにもかかわらず、賃金台帳や総勘定元帳に虚偽の記載をしたか、ということになると思います。

　勤務実態があり、また、給与支払いがあれば、それは「事実を歪曲」するものではなく、単に給与が過大であるかどうか、という問題となります。

　今回は、給与支払いがある、ということなので、勤務実態の立証の問題に帰結するように思います。

　そして、重加算税の賦課要件の立証責任も当然課税庁にありますので、課税庁において、「勤務実態がない」ことを立証する必要があります。

　そこで、当該母親について、専用机、パソコン、スリッパ、湯飲み、入室鍵等の存在、自宅と事務所との往復定期券やスイカの使用履歴、業務日誌、取引先の陳述書等、反証資料を提示するのがよろしいかと思います。

　これらが、当該母親について「勤務実態がない」ことを立証する際の矛盾証拠となるので、これらを覆す必要が出てくるためです。

⑵　7年遡りの要件

　ここは消滅時効の論点になるかと思います。

国税通則法第70条第4項

　　次の各号に掲げる更正決定等は、第1項又は前項の規定にかかわらず、第1項各号に掲げる更正決定等の区分に応じ、同項各号に定める期限又は日から7年を経過する日まで、することができる。

　　一　偽りその他不正の行為によりその全部若しくは一部の税額を免れ、又はその全部若しくは一部の税額の還付を受けた国税（当該国税に係る加算税及び過怠税を含む。）についての更正決定等

　「偽りその他不正の行為」も、最高裁による定義はありませんが、比較的最近の判例である東京地裁平成27年2月24日判決（TAINS　Z265-12607）は、「同項の文理及び趣旨に鑑みれば、同項にいう「偽りその他不正の行為」とは、税額を免れる意図の下に、税の賦課徴収を不能又は著しく困難にするような何らかの偽計その他の工作を伴う不正な行為を行っているものをいうと解するのが相当であるが、「偽りその他不正の行為」は、その行為の態様が課税標準等又は税額等の計算の基礎となるべき事実の隠ぺい又は仮装という態様に限定されないことからすると、「隠ぺい」又は「仮装」（同法68条1項、2項）を包摂し、それよりも外延の広いものであると解される。」としています。

　その他の判例も概ね同旨です。

　ということは、結局、本件で重加算税賦課要件を満たすか、7年遡るかは、いずれも、課税庁において、当該母親の勤務実態がないことを立証できるかどうかに帰結するものと考えます。

　結論としては、仮装または隠蔽の事実を否定して修正申告を拒否し、更正するかどうかの判断を待つことになるのではないか、と思います。

4-11 税務調査における質問応答記録書へのサイン拒否

【質問】

現在、税務調査を受けています。

質問応答記録書へのサインを求められていますが、サインを拒否する場合の理由をご教授ください。

【回答】

質問応答記録書へのサインを拒否したいということは、事実と異なることが記載された、ということだと推測します。

質問応答記録書については、平成25年6月の国税庁課税総括課作成の「質問応答記録書作成の手引」が作成されています。

「手引き」のFAQに次のような記載があります。

問15 「回答者が署名押印を拒否した場合は、どのようにすればよいのか」
（答）
読み上げ・提示の後、回答者から回答内容に誤りがないことを確認した上で、その旨を証するため、末尾に「回答者」と表記した右横のスペースに回答者の署名押印を求めることとなるが、署名押印は回答者の任意で行うべきものであり、これを強要していると受け止められないよう留意する。

つまり、任意のお願いである、ということです。

ただ、署名押印しなければ効力がないか、というとそうではありません。手引には、次のような記載があります。

「納税者が署名押印しない場合には、調査担当者（質問者及び記録者）が署名押印し、契印を施すなどして書類として完成させる。また、納税義務者等の署名押印が得られなかった経緯等で特記すべき事項があれ

　ば、その旨を調査報告書に記載する」

　つまり、納税者が署名押印しなくても、書類としては、完成することになります。

　しかし、納税者本人が認めているものとそうでないものについては、「証明力」が異なります。

　「手引」では、回答者が訂正を求めたときは訂正するものとされていますので、内容相違の場合には訂正を求め、訂正に応じないときは署名押印を拒否することとなります。

　もし、調査官が訂正等に応じずに書類を完成させた場合には、後日の訴訟等で証拠として出てきますので、ただちに税務署長宛内容証明郵便を発送し、訂正を求めたが手引に反して訂正に応じなかったこと、および訂正内容を記載して証拠化しておきます。

　ちなみに、上記ではなく、単にサインを拒否したい、ということであれば理由は不要です。

　サインは義務ではないからです。

　「サインは義務ではないので、拒否します」ということでよろしいかと思います。

　なお、「手引」によると、質問応答記録書を完成させた後に、回答者から、後日、訂正・変更の申立てがあった場合でも、当該質問応答記録書には訂正等を行ってはならない、とされていますので、ご注意いただきたいと思います。

4-12 税務調査で歯科医師のカルテは質問検査権の対象になるか

【質問】

> 　歯科医院の税務調査で、患者のカルテの開示を求められた場合、個人情報保護法を根拠として拒否ができますか。
> 　できない場合には税務署側に提示の要求ができるとの規定があるのでしようか。

【回答】

　本件は、質問検査権と守秘義務の衝突の問題かと思います。

　歯科医師のカルテが質問検査権の対象である「帳簿書類その他の物件」に該当するかどうかについては、東京地裁平成元年9月14日判決（TAINS Z173-6353）は、これを肯定し、質問検査権の対象としています。

　そして、質問検査権については、「質問検査の範囲、程度、時期、場所等実定法上特段の定めのない実施の細目については、右にいう質問検査の必要があり、かつ、これと相手方の私的利益との衡量において社会通念上相当な限度にとどまるかぎり、権限ある税務職員の合理的な選択に委ねられている」（最高裁昭和48年7月10日決定、租税判例百選第6版111）としており、租税職員の判断が尊重されています。

　ただし、国税通則法74条の2第1項は、「調査について必要があるとき」に質問検査をすることができると規定しています。「必要があるとき」とは、租税職員が必要と判断したときという意味ではなく、客観的な必要性が認められるとき、という意味です。

　他方、歯科医師には守秘義務があり、秘密を漏洩した場合には、刑法134条で刑罰が科せられます。

　そこで、質問検査権と守秘義務が衝突する場面において、どう判断すべきかについては、弁護士の守秘義務が問題となった、大阪高裁平成13年12月19日判決が参考になります。

　同判決は、「弁護士が税務調査に対して、上記のような協力義務を負うとした場合、その過程で守秘義務に含まれる事項が税務署職員に知れる可能性はあるが、そもそも守秘義務を負う弁護士に対しても所得税法234条に基づく質問調査権の行使が容認されているのであるから、守秘義務に含まれる事項が税務署職員の知るところとなることは法によって当然予定されているものとみるほかなく、本件を含め一般に税務調査の対象となる帳簿書類は、依頼者からの金員支払いの事実等経済的な取引の側面に関するものに限られ、これらの事項にも守秘義務が及ぶとしても、その保護の必要性はその限度で制約を受け、さらに、税務署職員も調査の過程で知り得た事項については守秘義務を負い、その義務に違反した場合には、所得税法によって国家公務員法上のそれよりも重い罰則が課せられるのである（所得税法243条等、なお国家公務員法109条12号）。よって、弁護士に対して上記程度の義務を課したとしても、その業務に過大な制約を加えるものであるとはいえない。」としています。

　したがって、
・質問検査の客観的な必要性があるか
・調査の範囲が、金員支払いの事実等経済的な取引の側面に関するものに限られるものかどうか
などについて、調査担当者と議論をして調査の必要性や範囲を決めていくのがよろしいかと思います。

　その際、「税務調査手続に関するＦＡＱ（一般納税者向け）」の問8などを示して議論してもよいと思います。

　調査対象となる納税者の方について、医師、弁護士のように職業上の守秘義務

が課されている場合や宗教法人のように個人の信教に関する情報を保有している
場合、業務上の秘密に関する帳簿書類等の提示・提出を拒むことはできますか。
（答）

　調査担当者は、調査について必要があると判断した場合には、業務上の秘密に
関する帳簿書類等であっても、納税者の方の理解と協力の下、その承諾を得て、
そのような帳簿書類等を提示・提出いただく場合があります。いずれの場合にお
いても、調査のために必要な範囲でお願いしているものであり、法令上認められ
た質問検査等の範囲に含まれるものです。調査担当者には調査を通じて知った秘
密を漏らしてはならない義務が課されていますので、調査へのご協力をお願いし
ます。

　上記のように、「調査のために必要な範囲」での調査になりますので、必
要性について明らかにするよう求めることになるかと思います。

4-13　消費税の特定期間における納税義務の判定

【質問】

　　資本金300万円の新設法人で半期の役員報酬と給料の合計額が1,000万円を超えますが、この中で役員報酬の未払いが300万円程あり、それをマイナスすると実際支払った額は800万円程になりますが、その場合は二期目より消費税の課税事業者に該当することになるでしょうか。

【回答】

　特定期間における納税義務の判定においては、未払給与の額は含めずに計算する、と理解しております。

　したがって、本件の場合には、800万円を基準とする、と考えます。

　理由は、以下のとおりです。

消費税法第9条の2第3項
　　第1項の規定を適用する場合においては、前項の規定にかかわらず、第1項の個人事業者又は法人が同項の特定期間中に支払った所得税法第231条第1項（給与等、退職手当等又は公的年金等の支払明細書）に規定する支払明細書に記載すべき同項の給与等の金額に相当するものとして財務省令で定めるものの合計額をもって、第1項の特定期間における課税売上高とすることができる。

　この規定によって、計算の基礎となるのは、所得税法231条1項に規定する「支払明細書」に記載すべき給与等の金額であることがわかります。

　所得税法231条1項は、次のような規定です。

所得税法第231条1項
　　居住者に対し国内において給与等、退職手当等又は公的年金等の支払をする

者は、財務省令で定めるところにより、その給与等、退職手当等又は公的年金等の金額その他必要な事項を記載した支払明細書を、その支払を受ける者に交付しなければならない。

これを受けて、所得税法施行規則です。

所得税法施行規則第100条1項
　　法第231条第1項（給与等、退職手当等又は公的年金等の支払明細書）に規定する給与等、退職手当等又は公的年金等の支払をする者は、同項の規定により、次に掲げる事項を記載した支払明細書を、その支払の際、その支払を受ける者に交付しなければならない。
　一　その支払に係る法第231条第1項に規定する給与等、退職手当等又は公的年金等の金額

　この結果、給与を支払うものが、「支払の際」に交付するものが支払明細書となりますので、支払っていない場合には支払明細書を交付しないこととなり、支払明細書に記載すべき金額がないこととなります。
　その結果、特定期間の判定の基礎となる金額に算入されない、と理解する次第です。

4-14　税務調査と憲法16条の請願権の関係

【質問】

税務調査の結果と憲法16条の請願権の関係を知りたいです。

税務調査の税務職員の横暴な対応と一方的な課税権の行使について税務署長に訴えたい、と考えています。

【回答】

請願権は、憲法で保障された権利ですが、その本質は、「請願を受理するという国務を請求する権利」とされており、請願を受理し、誠実に処理する義務を負わせるにとどまり、請願内容に応じた措置をとるべき義務を負わない、とされています（『憲法』佐藤幸治、556頁）。

過去の裁判例では、東京高裁平成23年6月8日判決は、「請願をしたことにより、請願者と請願を受けた官公署との間に、特別な公法上の法律関係を生じさせるものではなく（請願者による官公署に対する希望、意見、提言等の陳述に過ぎない。）、また、請願者に対し、当該官公署に請願の内容について審理を求め、あるいは、その採否や結果の通知等を求める権利を生じさせるものではない」と同時に、「請願法5条に規定する誠実処理義務は、官公署の事務処理上の行為規範に過ぎないから、官公署は、請願を受理した場合でも、請願者に対して請願処理手続上の義務を負うものではない」としています。

つまり、受理はしてもらえますが、請願自体にたいした効力はない、ということになります。

なお、請願をする場合の手続きは「請願法」に規定してあります。

税務調査における「税務職員の横暴な対応」については、統括官や税務署長に対する苦情申立てや、「納税者支援調整官」に対する苦情申立てを行

うことになるかと思います。

https://www.nta.go.jp/about/introduction/shokai/kiko/nozeishash-
ien/index.htm

さらに、その横暴な対応が税務調査権限を逸脱しているときは、国家賠
償請求を行うことになると思います。

一方的な課税権の行使については、その課税権の行使が適法かどうか、
という問題だと思います。

適法であれば、一方的な課税権の行使であっても適法となりますし、誤
りがあれば、「再調査の請求」「審査請求」「処分取消訴訟」により是正が図
られるものと考えます。

そして、課税要件事実の充足の立証責任は課税庁が負いますので（最高
裁昭和38年3月3日判決）、課税庁が収集した証拠によって、課税庁が主張
する課税要件事実が充足されているかどうかを吟味することになるかと思
います。

4-15 過年度の破産廃止決定に伴う売掛債権の貸倒処理

【質問】

　最終決算期の売掛債権（申告済み）の中に４年前に破産手続廃止の決定がされている取引先が見つかりました。

　貸倒処理をしたいのですが、国税不服審判所の（平20.6.26、裁決事例集No.75、314頁）において、決定時が貸倒れ（損金の額に算入）の時点との記載がありますが、当該債権は9-6-2ではなく9-6-1の債権に該当するといった判例なのでしょうか。

　であれば、損金経理を要件としない9-6-1を適用し、更正の請求で別表減算による貸倒処理をすることができるのではと考えているのですが、いかがでしょうか。

　やはり、9-6-2の適用になり、決定時の年度において損金経理していないのであれば、当期において損金経理したとしても貸倒れとしては認められず、結果、いずれの期でも貸倒処理（損金算入）することはできないとなってしまうのでしょうか。

【回答】

1　法人税基本通達と破産手続き

　法的倒産手続きには、破産、会社更生、民事再生、特別清算があり、破産を除く３つの手続きは、すべて貸倒れに関する通達9-6-1に明記されています。

　しかし、破産は記載されておりません。

法人税基本通達９−６−１
　　法人の有する金銭債権について次に掲げる事実が発生した場合には、その金

銭債権の額のうち次に掲げる金額は、その事実の発生した日の属する事業年度において貸倒れとして損金の額に算入する。

(1) 更生計画認可の決定又は再生計画認可の決定があった場合において、これらの決定により切り捨てられることとなった部分の金額

(2) 特別清算に係る協定の認可の決定があった場合において、この決定により切り捨てられることとなった部分の金額

(3) 法令の規定による整理手続によらない関係者の協議決定で次に掲げるものにより切り捨てられることとなった部分の金額

　　イ　債権者集会の協議決定で合理的な基準により債務者の負債整理を定めているもの

　　ロ　行政機関又は金融機関その他の第三者のあっせんによる当事者間の協議により締結された契約でその内容がイに準ずるもの

(4) 債務者の債務超過の状態が相当期間継続し、その金銭債権の弁済を受けることができないと認められる場合において、その債務者に対し書面により明らかにされた債務免除額

　破産を除く3つの手続きには、法令により、「切り捨てられる」債務があり、債務が消滅する時点が明確なため、その日の属する事業年度に損金として算入することになります。

　しかし破産手続きには、債務が「切り捨てられる」制度がありません。

　したがって、破産の場合には、9-6-1で処理することができません。

　そこで、9-6-2の処理となります。

9-6-2　法人の有する金銭債権につき、その債務者の資産状況、支払能力等からみてその全額が回収できないことが明らかになった場合には、その明らかになった事業年度において貸倒れとして損金経理をすることができる。この場合において、当該金銭債権について担保物があるときは、その担保物を処分した後でなければ貸倒れとして損金経理をすることはできないものとする。

　そうすると、「法人の有する金銭債権につき、その債務者の資産状況、支払能力等からみてその全額が回収できないことが明らかになった場合には、

その明らかになった事業年度において貸倒れとして損金経理をすることができる。」となり、「全額回収不能が明らかになった事業年度の損金経理」が要件となります。

　原則としては、破産終結決定時がその時となりますが、破産終結決定前であっても、破産管財人から配当がゼロ円であることの証明があるなど、配当がないことが明らかな場合には、そのときに損金経理することも認められるとされています（国税不服審判所平成20年6月26日裁決）。

2　裁判例

　損金経理が後日にずれた場合の裁判例としては、秋田地裁平成17年10月28日判決があります。

　この事例は、

　昭和61年5月29日　　破産申立

　昭和63年10月19日　　破産終結決定

　平成9年10月14日　　債務者死亡

　平成10年4月1日　　貸倒処理

というものです。

　裁判所は、

　　「「その債務者の資産状況、支払能力等からみてその全額が回収できないことが明らかになった場合」に該当するか否かの判断に当たっては、債務者の財産及び営業の状態、債務超過の状況、その売上高の推移、債務者の融資や返済等の取引状況、債権者と債務者の関係、債権者による回収の努力やその手段、債務者の態度等の客観的事情に加え、これらに対する債権者の認識内容や経営的判断等の主観的事情も踏まえ、社会通念に従って総合的に判断されるべきである。」

とし、

　　「遅くとも乙の破産手続終結までに、本件債権が全額回収不能であった

　　ことも認識していたものと認めるのが相当」
として、破産手続終結時をもって貸倒処理すべきものとしています。

　この判例によると、破産手続終結という「客観的事実」だけでなく、「債権者の認識」も考慮要素となる、ということです。

　本件においては、取引先が4年前に破産手続廃止の決定がされているという事実が、どのように見つかったのか、ということがポイントとなると思います。

　もし、4年前において破産手続廃止の決定がされていることを知っていたら、その時点で貸倒処理をしなければならない、ということになります。

　また、破産申立ての事実を知っていれば、破産管財人に問い合わせるなどして、状況を知ることができた、と解釈されることになると思われます。

　しかし、破産申立ての際、債務者が所在不明で連絡がとれず、債務者代理人や裁判所から何らの通知もなく、破産手続きを申請していたことすら認識していなかったのであれば、全額回収不能であることの認識がなく、本事業年度によりはじめて「全額が回収できないことが明らかになった」というロジックが可能かどうか、検討の余地があります。

4-16　株主総会で決算のやり直しを求めることはできるのか

【質問】

　会社法では株主総会で承認することで決算が確定すると思います。

　このとき、株主が１人の会社が、前期の決算書が気に入らないことを理由に、決算のやり直しと再度株主総会での承認をするということは、会社法上可能なことなのでしょうか。

　総会決議に瑕疵があれば、株主総会のやり直しはできると思いますが、決算書が気に入らないという理由だけで確定した決算をやり直せるか疑問に思いました。

【回答】

　法律上は、株主総会が適法に開催され、決議されたのであれば、それで決算承認の法的効果が発生しますので、やり直しという概念はありません。

　やり直すとすれば、一度決算書類は承認されたが、事実上修正して株主総会の承認を得た、ということになると思います。

　では、法人税の確定申告をどちらの決算書に基づいて行うか、ということですが、法人税の確定申告は必ずしも会社法と厳密に連動していません。

　本来は、決算書類を作成し、株主総会で承認して確定させ、それに基づいて法人税の申告をする、ということになります。

　しかし、裁判例では、仮に株主総会よる承認決議がなくても、法人税の申告は有効と解しています。

　この点、福岡地裁平成19年１月16日判決は、「決算がなされていない状態で概算に基づき確定申告がなされた場合は無効にならざるを得ないが、会社が、年度末において、総勘定元帳の各勘定の閉鎖後の残高を基に決算を行って決算書類を作成し、これに基づいて確定申告した場合は、当該決算

書類につき株主総会又は社員総会の承認が得られていなくても、確定申告は無効とはならず、有効と解すべきである。」としています。

　そして、税理士としては、納税義務の適正な実現を図ることが使命になりますので、最初の決算書類が誤りであれば、むしろ、それに基づいて確定申告をしてはならず、正しい決算書類に修正してから法人税確定申告書を作成しなければならない、ということになります。

　したがって、税理士としては、最初の決議にとらわれず、どちらか正しい決算書類に基づいて法人税の確定申告書を作成する、ということになると考えます。

4-17　資料提出を拒む顧問先への対応

【質問】

個人事業者の所得税確定申告を受任しております。

個人事業とは別に、対象年度中に自己所有の不動産を貸し付けて不動産収入があることが発覚しました。

不動産所得として申告する必要があることから、不動産収入の入金のある通帳の写しを送るよう言っておりますが、本人は不動産所得ではないと主張し、送ってくる気配がありません。

すでに事業所得分の入力は終わっており、報酬は10月分まで受け取っております。

このまま不動産の資料が送られてこないと申告書を作成できませんので、期限を設けて、その日までに資料の提出がない場合は資料を返還し、本年分の申告は請け負わないことは可能でしょうか。

報酬も少額ですので、返還してもいいと思っています。

なお、契約書は結んでいません。

【回答】

まず、依頼者に対し、正しい内容の申告書を提出する必要性をご理解いただくための説明およびその説明の証拠化が必要になると思います。

過去の裁判例では、税理士が所得税確定申告にあたって、依頼人に対し申告書作成に必要な原始資料の提出を求めたが、依頼者はこれを拒否し、依頼人の指示する不適法な方法で確定申告をするよう要請され、その旨申告したが、その際、重加算税などの説明をしなかったため、納税を余儀なくされたとして損害賠償を請求され、それが認められたものがあります（前橋地裁平成14年12月6日判決・TAINS　Z999-0062）。

　したがって、資料を提出し、正しい内容の申告をしなければ、後日の税務調査により指摘を受け、修正申告が必要となり、過少申告加算税、延滞税、重加算税等の不利益があることを説明し、その証拠化をしておく必要があります。

　その上で、税理士は、正しい内容の申告を作成・提出する義務がありますので、契約解除の手続きに入ることになると思います。

　その場合には、内容証明郵便により、期限を切って資料提出を求め、同期限までに資料提出がない場合には、契約を解除する旨を通知することになります。

　そして、ただちに預かり書類を返還することになるかと思います。

4-18　完成途中の建物の取得費

【質問】

　顧問先が、建築業者B社に建物建築を発注しました。

　しかし、途中でトラブルになり、B社との請負契約を解除しました。

　その後、建築業者C社に途中から建築を発注し、完成引渡しを受けました。

　B社とは、1億円で請負工事契約を締結し、3,000万円を支払済みです。

　その他にB社に対して支払いをしておらず、請負代金額で裁判になる予定です。

　C社には、追加工事等も含めて、4,000万円を支払っています。

　B社からは、5,000万円の請求を受けていますが、顧問先は、3,000万円が妥当と考えています。

　この場合の顧問先の建物の取得価額を算定するにあたり、B社の工事代金相当額を見積もる必要があますが、以下のどの方法をとればいいでしょうか？

　⑴　工程表をもらい、工事代金×着手日から各工程が完了した日までの日数／工期の日数で算定した金額

　⑵　第三者の意見として、C社においてB社の工事がどれくらいの対価にあたるのか見積もってもらう。

　⑶　折衷案として顧問先とB社が提示している金額の間

【回答】

　減価償却資産の取得価額については、法人税法施行令54条1項が、「購入の代価」としています。

　この計算方法が争われた事例は少なく、不動産売買における不相当な売買価格において争われた事案において、国税不服審判所平成30年5月7日裁決は、「当該建物に係る減価償却費の計算に際し、減価償却資産の「購入の代価」については、合理的な基準により算定される当該資産の合理的な価額」としています。

　そして、本件では、最終的には裁判所により適正な価格が算定されることを想定すると、裁判所により、適正な請負代金額として、どのような算定がされるのかを基準にするのが適当と考えます。

　その観点からは、(1)の工程表基準は採用されないことになります。

　裁判において請負工事の出来高の工事代金が争われる場合には、見積書や契約書添付の工事明細のうち、どの程度の工事が完了しているか、を分析して判断されます（建築士等の専門家の意見を参考にするケースが多いです）。

　したがって、本件においても、B社の見積書あるいは契約書添付の工事明細をC社あるいは建築士に見せて、B社がどこまでの工事を完了させていたか、を分析してもらい、その合計額とするのが一応の合理性のある金額になるものと考えます。

　なお、後日の税務否認に備え、書面を報告書として提出してもらうとともに、A社に対して正確な金額の算定は現時点で不可能であること、将来の否認による追加納税、加算税、延滞税等の不利益があることの説明を証拠化し、その場合でも税理士に対する損害賠償請求権を放棄すること、などの書面をいただけるのであれば、いただいた方が良いでしょう。

4-19　趣味物の売却益と所得区分

【質問】

　20〜30年にわたり、趣味で収集、栽培してきたサボテンをインターネットオークションで処分したところ、かなり高額で売却することができました。

　この場合、譲渡所得（長期）として、申告するも、取得価格がわかりません。

　あるいは、雑所得に該当するか、ご意見をいただけますでしょうか。

【回答】

〈タックスアンサー〉

No.3105譲渡所得の対象となる資産と課税方法

　5　譲渡所得以外の所得として課税されるもの

　　　資産の譲渡による所得であっても、次の所得は譲渡所得ではなく、事業所得や雑所得、山林所得として課税されます。

　⑴　事業所得者が商品、製品、半製品、仕掛品、原材料などの棚卸資産を譲渡した場合の所得

　　　→　事業所得となります。

　⑵　不動産所得や山林所得、雑所得を生ずる業務を行っている者がその業務に関して上記⑴の棚卸資産に準ずる資産を譲渡した場合の所得

　　　→　雑所得となります。

　⑶　使用可能期間が1年未満の減価償却資産、取得価額が10万円未満である減価償却資産（業務の性質上基本的に重要なものを除きます。）、取得価額が20万円未満である減価償却資産で、取得の時に「一括償却資産の必要経費算入」の規定の適用を受けたもの（業務の性質上基本的に重要なものを除きます。）を譲渡した場合の所得

　　　→　事業所得又は雑所得となります。

---

(4)　山林を伐採して譲渡した場合又は立木のまま譲渡した場合の所得

→　山林所得となります。ただし、山林を取得してから5年以内に伐採して譲渡したり立木のまま譲渡した場合の所得は、事業所得又は雑所得となります。

(5)　上記(1)から(4)までの資産以外の資産を相当の期間にわたり、継続的に譲渡している場合の所得

→　事業所得又は雑所得となります。

上記(5)によると、

「上記(1)から(4)までの資産以外の資産を相当の期間にわたり、継続的に譲渡している場合の所得　→　事業所得又は雑所得となります。」

とされています。

税務判断をする場合に、通達の文言にそのまま当てはまる場合には、通達が税務行政を拘束することから考えると、通達に従って判断をする限り、税務否認の可能性は低い、ということになるかと思います。

しかし、通達の文言が曖昧であり、解釈次第でどうにでも解釈できる場合には、通達に従って判断すると、税務否認リスクがあることになります。

その場合には、最終的には裁判所の判断で決定されることになりますので、判例等を参考に税務判断をすることになるかと思います。

今回の「相当な期間」という文言は、曖昧であり、どうにでも解釈し得る概念ということになります。

そうなると、判例等を参考にすることになりますが、裁判所は、通達を思考の出発点にしません。

裁判所の思考順序としては、まず、所得区分のうち、

・譲渡所得に該当するか

・事業所得に該当するか

を判断し、その後、

・雑所得に該当するか

を判断していくことになるかと思います。

1　譲渡所得に該当するか

　譲渡所得に対する課税は、資産の値上がりによりその資産の所有者に帰属する増加益を所得として、その資産が所有者の支配を離れて他に移転するのを機会に、これを清算して課税する趣旨のものです（最高裁昭和43年10月31日判決）。

　その本質は、キャピタル・ゲインすなわち「所有資産の価値増加益」に対する課税です。

　この点、サボテンは、その生育に20〜30年の長期にわたり、

　・水やり

　・害虫駆除

　・植え替え

　・肥料

　・温度管理

などの労務提供等が必要になり、それ故に資産の値上がりが期待できるものと考えられ、単なるキャピタル・ゲインとは評価されないものと考えます。

　したがって、譲渡所得には該当しないものと考えます。

2　事業所得に該当するか

　事業所得は、自己の計算と危険において独立して営まれ、営利性、有償性を有し、かつ反復継続して遂行する意思と社会的地位とが客観的に認められる業務から生ずる所得です（最高裁昭和56年 4 月24日判決）。

　今回のサボテンは趣味の範囲内のものであり、この要件を満たさないことは明らかでしょう。

3　雑所得に該当するか

　雑所得は、他の9種類のどの所得分類にも該当しない所得です。

　公的年金等以外の雑所得は、

　⑴　営利を目的として継続的に行われた活動の成果

　⑵　営利を目的としない一時的・偶発的な労務提供等の成果

ということになりますから、まさに、今回のサボテンは、この⑵に該当するように思います。

　参考文献として、『スタンダード所得税法』（佐藤英明著、弘文堂、231頁）では、「家庭菜園で収穫した野菜を知人に安く売って収入を得た」という事例を雑所得の事例として紹介しています。

　なお、どの所得区分にしても否認リスクを消すことはできませんので、よく説明し、その説明を証拠化し、損害賠償等を請求しない、と一筆取得することをおすすめしたいと思います。

4-20　名義株主からの会計帳簿閲覧請求への対応

【質問】

　昭和55年設立の顧問先の相談です。

　当時は発起人が7人以上必要だったため、親族や友人等に名義を借りました（資金は代表者がすべて負担しています）。

　ところが先日、名義を借りた友人の1人（5％の名義株）から、会計帳簿の閲覧請求が来ました。

　対応する必要があるでしょか。

【回答】

　株主からの会計帳簿閲覧請求は、会社法433条に規定しています。

会社法433条

1　総株主（株主総会において決議をすることができる事項の全部につき議決権を行使することができない株主を除く。）の議決権の百分の三（これを下回る割合を定款で定めた場合にあっては、その割合）以上の議決権を有する株主又は発行済株式（自己株式を除く。）の百分の三（これを下回る割合を定款で定めた場合にあっては、その割合）以上の数の株式を有する株主は、株式会社の営業時間内は、いつでも、次に掲げる請求をすることができる。この場合においては、当該請求の理由を明らかにしてしなければならない。

一　会計帳簿又はこれに関する資料が書面をもって作成されているときは、当該書面の閲覧又は謄写の請求

　したがって、今回の友人が株主であるならば、会計帳簿閲覧請求に応じなければいけません。

　今回は、株主が名義人か、実質的に出資金を負担した人か、が争点となります。

　この点に関し、判例は、代表取締役が税金対策目的で従業員を名義人として募集株式の申込・割当をさせたところ、名義株主である従業員から株券引渡請求があった事案において、「他人の承諾を得てその名義を用い株式を引き受けた場合においては、名義人すなわち名義貸与者ではなく、実質上の引受人すなわち名義借用者がその株主となるものと解するのが相当である」として、株主は、実質上の引受人である代表取締役であるとしたものがあります（最高裁昭和42年11月17日判決、判例時報504号85頁）。

　この見解を「実質説」といいます。

　そして、株式の実質上の引受人の判断要素としては、以下のような事情となります。

　①　誰が払込代金を出捐したか

　②　誰が実質的に株主となる意思があったか

　③　株主権を行使したか（株主総会への参加、配当の受領等）

　④　経営に参加する意思と行動はあったか

　したがって、本件において、上記の事情について調査し、事実認定をすることになるかと思います。

4-21 役員借入金（貸付金）における課税と、消費貸借契約書の作成方法

【質問】

役員借入金（役員貸付金）とその金銭消費貸借契約書について、2点質問させてください。

（状況）

同族会社の場合、会社資金が不足すると社長個人がポケットマネーで補充したりすることはよくあります。会社からすると役員借入金です。また、逆の役員貸付金のケースもあると思います。

これら役員との貸し借りが期末の貸借対照表で数百万円程度あると、役員借入金の場合は贈与と認定されるリスクがあり、役員貸付金の場合は役員賞与と認定されるリスクがあると考えています。

また、これらのリスクを回避するために、最低限、会社と役員間で金銭消費貸借契約書を作成し、返済期限などを明示すべきと考えています。

（質問1）

役員との期中の金銭の貸し借りが期末に残高として残った場合、これが役員借入金の場合は贈与と認定される可能性、役員貸付金の場合は役員賞与と認定される可能性はどの程度あるものなのでしょうか。

明確な金額基準などはないと思いますが、考え方だけでもお教えいただけると助かります。

（質問2）

通常の借入であれば、まとまった金額を一括で借りるため、金銭消費貸借契約書は借入日で1つ作成すれば足ります。

ただ、同族会社と役員の貸し借りは、数万円程度の金額を何回もや

り取りしたりするので、個々の入出金ごとに契約書を作るのは現実的ではありません。

　このような場合、会社と役員間で金銭消費貸借契約書は、どのようなものを作成すればよいでしょうか。

　私見としては、期末時点の残高（債権or債務）の確認を覚書などで行い、そこに返済期限などを明記し、借入金ないし貸付金であることの証拠にするのはどうかと考えました。

【回答】

質問1について

　役員が会社から借入れをしている場合、1期だけであれば、期末に残高が残っていたとしても、賞与として認定され、最終的に課税されることは、特段の事情のない限りないと考えています。

　仮に税務調査を担当する租税職員が賞与として認定したとしても、納税者が修正申告をしない場合には、税務署の審理担当者は、更正するについて承認はしないものと考えます。

　課税要件事実の立証責任は、「租税法律主義、申告納税主義を採用している現行税法下の税務訴訟においては」「所得の存在及びその金額について決定庁が立証責任を負うことはいうまでもないところである」（最高裁昭和38年3月3日判決、月報9巻5号668頁）とされています。

　したがって、賞与と認定するには、課税庁において、

　当該金員を確定的に役員に取得させたことを立証しなければなりません。

　1期だけであれば、会社も役員も金銭消費貸借であると主張し、貸付金の経理処理がされている中で、賞与であることを立証しきることは容易ではありません（ただし、役員側の資金需要の必要性、借入れをした金員の実際にその資金需要に使用したことなどの反証をする必要があります）。

　しかし、これが長年にわたると、

(1)　数年間、一切返済されない

(2)　返済能力があるのに返済されない

(3)　金銭消費貸借契約、返済計画表その他、返済の合意を推認させる資
　　料が一切ない

というような間接事実が積み重なり、当該金員を確定的に役員に取得させ
た、として賞与認定に結びつくものと考えます。

　そこで、期末に残高として残ってしまう場合には、金銭消費貸借契約書
と別に、期末前に賞与の事実と矛盾する事実である「一部返済」をしてお
くことをおすすめしたいと思います。

　一部返済をしておけば、税務調査で指摘されたとしても、

「返済しているということは、貸付金です」

「賞与だとすると、返済したことを説明できない」

などと反論することが可能となります。

質問 2 について

　複数の金銭のやりとりがある場合の金銭消費貸借契約書では、

(1)　1 通の金銭消費貸借契約書、覚書、または確認書（名称は問いませ
　　ん）などを作成し、

(2)　本文に「別紙のとおりの貸付および返済があったこと、本日現在の
　　貸金残高が○○円であることを確認する」と記載して、

別紙で貸付と返済の一覧表を作成すればよろしいかと思います。

　金銭消費貸借契約も契約なので、

①　○月○日に、

②　○円を貸し付ける合意をし、

③　○円を交付した

という要件事実を特定することが望ましいためです。

税理士を守る会のご案内　https://myhoumu.jp/zeiprotect/

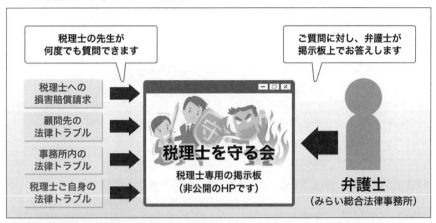

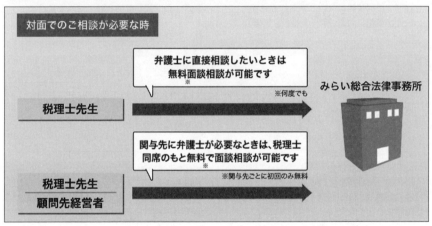

「税理士を守る会」の特徴と利用するメリット

✓　日常遭遇する法律問題をすぐに相談できる（安価に顧問弁護士を雇う）

✓　関与先の法的トラブルの質問についても、税理士の先生が弁護士に気軽に質問フォームから相談できる

✓　弁護士に直接相談したいときは、無料面談相談ができる

✓　関与先の相談で弁護士が必要な時は、税理士同席のもと無料面談相談ができる

✓　会員税理士はペンネーム表示なので安心

✓ 税賠に強い税務顧問契約書・示談書・損害賠償請求放棄の書類が無料で手に入る（正会員特典）

✓ 税賠防御の工夫がなされた顧問契約書等の書式25種類以上を利用できる（正会員特典）

✓ 税理士業務に役立つ動画30種類以上が見放題（正会員特典）

✓ 弁護士監修の書式400種類を利用し放題（正会員特典）

✓ 知り合いの弁護士には気軽に聞けない内容をペンネームで、気軽に聞ける

✓ 法務サポート掲示板のやり取りを観覧できるので、Q＆Aとして利用できるとともに、他の税理士の事例がわかる

●税賠を防止することに重点を置いた各種契約書・書式を無料で利用できます

【法人との受任契約書式】
・税理士顧問契約書（会計帳簿作成含む）
・税理士顧問契約書（会計帳簿作成せず）
・税理士業務契約書（年一業務会計帳簿作成含む）
・税理士業務契約書（年一業務会計帳簿作成せず）
・債務免除確認書
・役員退職給与に関する確認書（過大役員退職金）

【法人個人共通の書式】
・守秘義務解除承諾書
・会計業務委託契約書
・税務顧問契約解消に関する合意書（原則型）
・税務顧問契約解消に関する合意書（依頼者解除型）
・税務顧問契約解消に関する合意書（税理士解除型）
・示談書
・税務顧問契約書（法人・個人事業 税務相談のみ受任）
・税理士業務契約書（法人・個人事業 税務調査のみ受任）
・税務顧問契約解除の内容証明

【個人事業主との所得税業務受任契約書式】
・税理士顧問契約書（会計帳簿作成含む）
・税理士顧問契約書（会計帳簿作成含せず）
・年一委任契約書（会計帳簿作成含む）
・年一委任契約書（会計帳簿作成せず）
・債務免除確認書
・税理士請負契約書

【個人で非事業主の所得税業務受任契約書式】
・確定申告代理
・債務免除確認書

【相続税・贈与税業務の契約書式】
・税理士業務契約書（相続税）
・相続税申告業務受任にあたっての説明同意書
・相続人の全員から署名押印を取得できない場合の委任状
・請負契約書（相続税）
・税理士業務契約書（贈与税）
・請負契約書（贈与税）

【会計事務所内で使用する法律書式】
・職員入所誓約書
・会計業務再委託契約書
・就業規則雛型
・所属税理士・職員退所誓約書

●税理士業務に役立つ実務解説動画30本以上を視聴できます。

- ・相続税業務に不可欠な民法知識
- ・個人か法人か？　税務上の有利不利判定
- ・非上場株式の評価と戦略的活用スキーム
- ・社長貸付金・社長借入金を解消する手法と留意点
- ・節税商品のトレンドと利用時の留意点
- ・税務調査に役立つ「納税者主張整理書面」作成法
- ・税理士が知っておくべき必要最低限のM＆A知識
- ・コーチング型コンサルティングの極意
- ・法人版事業承継税制の留意点と盲点（2019年最新）
- ・顧問先社長への面談スキル
- ・管理会計による経営支援実践講座
- ・会計事務所内のトラブルに備える方法
- ・見落としがちな「みなし贈与」のすべて

- ・新事業承継税制の税賠リスクの盲点と税賠を回避する契約手法
- ・新事業承継税制適用のための申請様式・届出の総まとめ
- ・相続税業務の税務調査における予防と対応
- ・税務調査を予防するための知識
- ・借地権の実務論点
- ・クリニック・病院の承継に必要な法律基礎知識
- ・不動産を活用した相続対策の真実
- ・税理士が間違えやすい自社株評価
- ・書面添付の実践手法
- ・退職税理士や職員による顧客奪取は違法か？（誓約書がない場合）
- ・税理士懲戒処分で注意すべき事例とは？
- ・名義預金の判断で知っておきたい判例解説
- ・その他

（以上は、2020年5月時点）

運営：弁護士法人みらい総合法律事務所／事務局：株式会社バレーフィールド
お問い合わせ先：【TEL】03-6272-6906　【E-mail】book@valley-field.com
【WEBサイト】https://myhoumu.jp/zeiprotect/